Dürrenmatt | Der Richter und sein Henker

Lektüreschlüssel XL

für Schülerinnen und Schüler

Friedrich Dürrenmatt

Der Richter und sein Henker

Von Theodor Pelster

Reclam

Dieser Lektüreschlüssel bezieht sich auf folgende Textausgabe:
Friedrich Dürrenmatt: *Der Richter und sein Henker. Roman.*
Hamburg: Rowohlt, [120]2017.

Lektüreschlüssel XL | Nr. 15514
2020 Philipp Reclam jun. Verlag GmbH,
Siemensstraße 32, 71254 Ditzingen
info@reclam.de
Druck und Bindung: Esser printSolutions GmbH,
Untere Sonnenstraße 5, 84030 Ergolding
Printed in Germany 2025
RECLAM ist eine eingetragene Marke
der Philipp Reclam jun. GmbH & Co. KG, Stuttgart
ISBN 978-3-15-015514-1
reclam.de

Inhalt

1. Schnelleinstieg

Autor	Friedrich Dürrenmatt – geboren am 5. 1. 1921 (Konolfingen), gestorben am 14. 12. 1990 (Neuchâtel) – war Dramatiker, Dramaturg, Dichter, Schriftsteller und Essayist.
Gattung	Roman
Entstehungszeit und Veröffentlichung	Geldsorgen plagten den jungen Autor Dürrenmatt, als er nach abgebrochenem Studium mit seiner Frau Lotti und zwei kleinen Kindern in dem kleinen Schweizer Ort Ligerz am Bielersee wohnte. In dieser Situation erschien in der Zeitschrift *Der Schweizerische Beobachter* zwischen dem 15. 12. 1950 und dem 31. 3. 1951 sein Roman *Der Richter und sein Henker* in Fortsetzungen. Eine gebundene Ausgabe gab der Benziger Verlag 1952 heraus.
Ort und Zeit der Handlung	Am Morgen des 3. November 1948 wird in der Nähe des kleinen Schweizer Ortes Lamboing nahe der sogenannten Twannbachschlucht die Leiche des Polizeileutnants Ulrich Schmied gefunden. Der schwer magenkranke Kommissär Hans Bärlach übernimmt die Untersuchung des Falls und lässt sich zur Unterstützung den jungen Polizisten Tschanz zuweisen. Tschanz gibt vor, den Täter mit wissenschaftlich fundierten Beweisen stellen zu können. Bärlach aber weiß, dass der Fall nur eine Episode aus einem größeren Drama ist: Vor langer Zeit hat er gegen einen durchtriebenen Geschäftsmann gewettet, dass letzten Endes alle Verbrechen offenbar und der Bestrafung zugeführt werden. Der Beweis sollte durch die Praxis erfolgen. Da Bärlach auf legalem Weg seinen Widersacher nicht hat besiegen können, hat er nun, am Ende seines Lebens, eigenmächtig sein Urteil über Gastmann, seinen Wettgegner, gesprochen. Er hat Schmied auf die Spur des Gegners gesetzt, macht sich selbst zum Richter und den Polizisten Tschanz zum Henker.
Vorlage	Kriminal- und Detektivromane der Zeit

Über Wert und Nutzen literarischer Texte lässt sich trefflich streiten. Ein einhelliges Urteil wird selten oder nie zustande kommen. Verbindliche Wertmaßstäbe gibt es nicht und die Interessen von Leserinnen und Lesern sind sehr unterschiedlich. Umso bemerkenswerter ist, dass es dem Schweizer Autor Friedrich Dürrenmatt mit seinem Roman *Der Richter und sein Henker* – als Buch erstmals 1952 veröffentlicht – gelungen ist, eine ungewöhnlich große Zahl von Lesern anzusprechen, eine nachhaltige Diskussion anzuregen und einen dauerhaften Verkaufserfolg zu sichern. Die epische Gattung des »Kriminalromans« hat mit diesem Werk und den in kurzen Abständen folgenden Romanen *Der Verdacht* (1951/1952) und *Das Versprechen* (1958) eine deutliche Aufwertung erfahren.

■ Ein Roman

■ Kriminalromane

Kriminalromane, meist verkürzend und leicht abschätzig »Krimis« genannt, sind Produkte der neueren Literaturgeschichte. Literaturwissenschaftler glauben, in der 1841 erschienenen Detektivgeschichte von Edgar Allan Poe *The Murders in the Rue Morgue* die erste typische Kriminalerzählung erkennen zu können. Als wichtigstes Charakteristikum dieser neuen Erzählart galt die in ihr angelegte Spannung, die den Leser nicht mehr loslässt, bis ihm eine glaubhafte Lösung des Rätsels präsentiert wird. Diesem Rezept folgten später Arthur Conan Doyle, Edgar Wallace und andere. Durch sie wurde der Kriminalroman zu einer beliebten und massenhaft verbreiteten Literatur. Das war für Leser, die von großer Dichtung mehr als nur gute Unterhaltung erwarteten, zu wenig. Veröffentlichungen dieser Art ließen sie als banal oder trivial links liegen – auch dann noch, als die Beliebtheitskurve für diese Bücher und Hefte anstieg und sogar noch als Film und Fernsehen hier einen Markt entdeckten. Inzwischen präsentieren die Feuilletons großer Tages- und Wochenzeitungen wie *Die Zeit* und *Die Frankfurter Sonntagszeitung* Listen mit den besten – auch fremdsprachigen – Kriminalromanen des Monats. Auch in den Fernsehprogrammen der verschiedenen Sender haben Krimis als Einzelfilme und als Fernsehserien einen festen Platz.

Gemeinsam ist den verschiedenen Arten und Unterarten der Gattung, dass die Geschichten inhaltlich und formal bestimmt sind von einem zugrunde liegenden Verbrechen. Das lateinische Substantiv *crīmen*, das mit ›Anklage‹ und ›Beschuldigung‹ sowie mit ›Vorwurf‹, aber auch mit ›Schuld‹ und ›Verbrechen‹ übersetzt werden kann, ist Ausgangspunkt für die nachträgliche Gattungsbezeichnung. Das Adjektiv ›kriminell‹ und die verschiedenen Wortzusammensetzungen wie »Kriminalgericht« und »Kriminalpolizei« sind leicht als Ableitungen der lateinischen Bezeichnung zu durchschauen.

■ Ausgangspunkt: Ein Verbrechen

Autoren und Leser von Kriminalromanen mussten sich lange den Vorwurf gefallen lassen, dass sie sich gedanklich allzu sehr auf die Schatten und Nachtseiten des menschlichen und gesellschaftlichen Lebens einließen und dass sie sich allzu leichtfertig dem Einfluss des Bösen aussetzten.

■ Vorurteile

Ein Hinweis, dass nicht der zugrunde liegende

Stoff die Intention und Gestaltung eines Werks bestimme, dürfte diese Bedenken erledigen. Tatsächlich ist der Stoff eines Werks nicht mehr als das Baumaterial, das zur Formung bereitsteht. Wichtiger ist die Aufbereitung. Stoffliche Grundlage aller hier unter der Bezeichnung »Krimi« zusammengefassten und erzählten oder verfilmten Geschichten ist ein »Fall«, ein »Verbrechen«, eine Handlung, die strafbar ist und für die Bestrafung droht.

Ein für die epische oder filmische Ausgestaltung geeigneter Fall sollte kompliziert, aber lösbar sein. Er sollte in der verfügbaren Lese- oder Sehzeit gelöst werden. Die Lösung sollte schlüssig und nachvollziehbar sein. Am Ende sollte die von allen akzeptierte Ordnung wiederhergestellt sein.

Mord

Ein Verbrechen – in den meisten Fällen ein Mord – bildet das zentrale Ereignis dieser Art von Erzählungen, Romanen und Filmen. Eine Tat – genauer: eine Untat – wird begangen, wird bekannt und wird aufgedeckt. Um die geltende Ordnung wiederherzustellen, muss der Schuldige bestraft werden und muss dem Unschuldigen Genugtuung erwiesen werden. Dazu muss der genaue Tatbestand – die Tatumstände, aber auch die Vorgeschichte der Tat – festgestellt und die Gesetzeslage geklärt werden. Als Vertreter des Rechts sind Polizisten, Kriminalisten, Anwälte und Richter gefragt. Eine besondere Rolle kommt den ermittelnden Behörden – den Polizisten und dem Untersuchungsrichter – zu: Die Untat, die der Verbrecher begangen hat, soll durch Kriminalisten aufgedeckt und zur Verurteilung und Bestrafung für das Gericht vorbereitet werden.

Nicht durch den Erzählgegenstand, sondern durch die Formung ist eine Unterscheidung zwischen Kriminalroman und Detektivroman möglich und sinnvoll. Der Germanist Richard Alewyn beschrieb den Unterschied folgendermaßen:

Kriminalroman oder Detektivroman?

> »Der Kriminalroman erzählt die Geschichte eines Verbrechens, der Detektivroman die Geschichte der Aufklärung eines Verbrechens. Man kann jeden Kriminalroman auf den Kopf stellen und ihn als Detektivroman erzählen, und man kann umgekehrt jeden Detektivroman auf die Füße stellen und damit den ihm zugrunde liegenden Kriminalroman herstellen.«[1]

Der Detektivroman, der seine Artbezeichnung vom lateinischen *dētegere* (›aufdecken, enthüllen, offenbaren‹) herleitet, wendet sich vor allem an die Intelligenz des Lesers, der die Schlüssigkeit des Erzählvorgangs prüfen und kritisch betrachten soll. Der Kriminalroman – im engeren Sinn des Wortes – »erzählt die Geschichte eines Verbrechens unter besonderer Berücksichtigung der psychologischen (auch soziologischen) Disposition des Täters, seiner Tatmotive, des Tathergangs und der Tatfolgen. Der Detektivroman

1 Richard Alewyn, »Anatomie des Detektivromans«, in: *Der Kriminalroman*, hrsg. von Jochen Vogt, Bd. I: *Zur Theorie und Geschichte einer Gattung*, München 1971, S. 52–72.

gilt als Sonderform des Kriminalromans, die die Suche nach dem Täter und die Aufklärung des Tathergangs zum Inhalt hat und damit die Intention verfolgt, den Leser durch Teilhabe am Rätselraten in Spannung zu versetzen.«[2]

Das unterschiedliche inhaltliche Interesse hat Folgen für die Formung: Der Kriminalroman erzählt meist in chronologischer Reihenfolge, vorwärts gerichtet; der Detektivroman setzt beim eingetretenen Fall ein, sucht – rückwärts gerichtet – die Voraussetzungen zu erkennen und – vorwärts gerichtet – den Täter dem Gericht zu überantworten.

■ Leserverhalten

Leser, die sich mit einem intellektuellen Vergnügen daranmachen, den Detektiv bei seiner Arbeit zu begleiten und zu verfolgen, gleichen scharfsinnigen Rätselfreunden, die aus Andeutungen Schlüsse ziehen und an der Lösung der Aufgabe Freude haben. Dass es bei dem Spiel um Mord geht, wird nicht ernst genommen.

Wer hingegen die in einem Kriminalroman erzählte Geschichte als Abbild von Wirklichkeit zur Kenntnis nimmt, als aus der Wirklichkeit übernommenes Geschehen, dürfte entsetzt sein über das Böse in der Welt und Mitleid haben mit den unschuldigen Opfern. Er nimmt wahrscheinlich allzu ernst, was als Spiel gemeint ist.

2 Volker Ott, »Der Kriminalroman«, in: *Formen der Literatur in Einzeldarstellungen*, hrsg. von Otto Knörrich, Stuttgart 1981, S. 217–223, hier S. 218.

Gegenstand von Kriminalromanen

Das Verbrechen, d. h. das Brechen einer gebotenen Ordnung, bedeutet die »Auflehnung des Täters gegen den allgemeinen Willen des Rechts«[3]; der Täter, der »vor sich selbst wie vor der Rechtsgemeinschaft schuldig wird«, fordert »die Vergeltung als die notwendige Folge der Tat heraus«[4].

Dass Verbrechen wie Mord und Totschlag als Motive eines Gedankenspiels und als raffiniert gestellte Rätselaufgabe benutzt werden, dass also »der Mord und die Entlarvung des Täters [...] auf ein letztlich immer lösbares Rätsel reduziert wird«[5], ist ein Vorwurf besorgter Soziologen und Pädagogen. Es könnte sich jedoch zeigen, dass sich auch der Vorwurf, im Kriminal- und Detektivroman werde leichtfertig und allzu spielerisch mit Verbrechen umgegangen, als Vorurteil erweist. Vom Autor gewählte literarische Gattungen und Gegenstände sagen noch nichts aus über die von ihm verfolgte Intention.

3 Ernest Mandel, *Ein schöner Mord. Sozialgeschichte des Kriminalromans*, übers. von Nils Thomas Lindquist, Frankfurt a. M. 1987, S. 11.

4 Johannes Hoffmeister, *Wörterbuch der philosophischen Begriffe*, Hamburg 1955, S. 640.

5 Ebd.

2. Inhaltsangabe

Ein Kriminalroman ist immer auch ein Figurenroman. Deshalb verbindet sich die Frage nach dem grundlegenden Verbrechen immer mit den Fragen nach dem oder den Verbrechern einerseits und dem oder den Verfolgern andererseits.

■ Der »Fall Schmied«

1. (S. 5–12) Am Morgen des 3. November 1948 wird Ulrich Schmied, Polizeileutnant der Stadt Bern, von dem Polizisten Alphons Clenin in der Nähe des Schweizer Ortes Lamboing in einem blauen Mercedes tot aufgefunden und nach Biel, der nächsten Stadt, überführt. Schmieds Vorgesetzter, Kommissär Bärlach in Bern, ein welt- und menschenerfahrener Kriminalbeamter, »über sechzig« (S. 10) und »nicht mehr so ganz gesund« (S. 15), nimmt sich des Falles an, verfügt vorläufige Geheimhaltung gegenüber der Presse und besorgt sich aus der Wohnung des Toten eine »Mappe, die auf dem Schreibtisch lag« (S. 12) und die wichtig zu sein scheint.

■ Der Kollege Tschanz

2. (S. 13–17) Im Gespräch mit seinem Vorgesetzten, dem Untersuchungsrichter Dr. Lucius Lutz, erklärt Bärlach, dass er zwar »irgendwen im Verdacht« (S. 14) habe, mehr jedoch nicht sagen könne. Zur weiteren Aufklärung des Falles bittet Bärlach um die Unterstützung des Kollegen Tschanz, den man daraufhin extra aus »den Ferien im Berner Oberland« (S. 15) holt. Mit dem Polizisten Blatter fährt Bärlach zum Tatort

und findet dort eine »Revolverkugel« – »Zufall« (S. 17), wie Bärlach Blatter gegenüber zugibt. Der gutwillige Leser mag glauben, dass es sich bei dem Fund tatsächlich um einen Zufall handelt; der skeptische Leser könnte vermuten, dass hier von Bärlach eine Falle gelegt wird, in die Tschanz später tappt und der weitere Fallen folgen werden.

3. (S. 18–23) Am nächsten Morgen meldet sich Tschanz, der »den gleichen Mantel wie Schmied und einen ähnlichen Filzhut« (S. 18) trägt, bei Bärlach, der ihm zwar die am Tatort gefundene Kugel zeigt, nicht aber »die Mappe Schmieds« (S. 18). Tschanz erklärt, aus Indizien bereits geschlossen zu haben, wie Schmied ermordet worden sei. Aus einem Kalender Schmieds wisse er außerdem, dass dieser häufig – so auch am Tag seiner Ermordung – bei einer mit G abgekürzten Person oder Institution eingeladen gewesen sei. Diese Spur wolle er verfolgen: Er plane, am gleichen Tag noch, »um sieben, zur selben Zeit wie das Schmied auch immer getan hat« (S. 22), nach Lamboing zu fahren. Zu seiner Überraschung will Bärlach ihn begleiten. Von seinem Verdacht, wer der Mörder Schmieds sein könnte, gibt Bärlach nichts preis.

Die Spur zu G.

4. (S. 24–28) Tschanz holt Bärlach in dessen Wohnung ab. Tschanz wählt eine in den Augen Bärlachs »ungewöhnliche Route« (S. 26), die aber zwei Tage zuvor auch Schmied gefahren zu sein scheint. Jedenfalls erfährt Tschanz an einer Tankstelle, dass einer

»am Mittwochabend« dagewesen sei, »der seinen Wagen den blauen Charon nannte« (S. 27). So nannte Schmied, wie Tschanz und Bärlach wissen, seinen Mercedes. Kurz vor acht halten sie auf der »Straße von Twann nach Lamboing« (S. 28) und beratschlagen.

Vor Gastmanns Haus

5. (S. 29–31) Während sie warten, erklärt Tschanz, er vermute, dass es an diesem Abend genau da »eine Gesellschaft gibt« (S. 29), wo sich Schmied am Abend vor seiner Ermordung aufgehalten habe. Tatsächlich fahren mehrere Autos an ihnen vorbei. Als sie ihnen folgen, stehen sie bald vor einem »Haus, von Pappeln umrahmt« (S. 30). Das auf dem Türschild abgebildete G steht für Gastmann, wie Tschanz aus dem Telefonbuch weiß und nun Bärlach gegenüber erklärt.

Konfrontation mit von Schwendi

6. (S. 32–41) Als Tschanz und Bärlach um das von einer Mauer umgebene Anwesen Gastmanns gehen, wird Bärlach von einem riesigen Hund angefallen, den Tschanz mit seinem Revolver erschießt. Gastgeber und Gäste treten ans Fenster. Man ist empört und weigert sich zunächst, mit den Polizisten zu reden. Dann aber werden die beiden Kriminalisten von Oberst von Schwendi, der zugleich Nationalrat und Advokat ist, in anmaßender Weise zur Rede gestellt. Als der Oberst jedoch hört, dass »eine Untersuchung über den Mord an Polizeileutnant Schmied« (S. 38) geführt werde, zeigt er sich plötzlich kooperationsbereit und verspricht, mit Gastmann zu reden und am nächsten Tag auf das »Bureau« (S. 39) zu kommen.

Während Tschanz weitere Erkundungen in Lamboing macht und dort die Polizisten Clenin und Charnel trifft, gibt Bärlach vor, in einem kleinen Restaurant an der Straße etwas für »[s]einen Magen« (S. 39) tun zu wollen.

7. (S. 42–44) Bärlach hat im Restaurant nur »einen Schnaps getrunken« (S. 42), ist dann vorgegangen und hat genau am Tatort auf Tschanz gewartet. Tschanz nimmt ihn ins Auto – »weiß vor heimlichem Entsetzen« (S. 43). Ihm ist bewusst, dass gerade der Tathergang nachgespielt wurde. Auf der Fahrt nach Bern berichtet Tschanz, was er erfahren hat. Zu Hause angekommen, dankt Bärlach Tschanz noch einmal, dass er ihm »das Leben gerettet« (S. 44) habe. Als er allein ist, holt er einen Revolver aus der Manteltasche. Sein linker Arm war »mit dicken Tüchern umwickelt« (S. 44), wie man jetzt sieht. Bärlach war also auf Gefahren besser vorbereitet, als Tschanz erkennen konnte.

■ Der nachgespielte Tathergang

8. (S. 45–50) Wie angekündigt, spricht Nationalrat von Schwendi am nächsten Morgen, an dem Samstag, an dem Schmied beerdigt werden soll, im Polizeibüro vor – doch nicht bei Bärlach, sondern bei Dr. Lutz. Von dem Oberst erfährt Lutz, dass Schmied mit falscher Identität »unter dem Namen Doktor Prantl« (S. 47) an einigen Treffen bei Gastmann teilgenommen habe. Nationalrat von Schwendi glaubt, dass Schmied »für eine fremde Macht« (S. 48) spioniert habe; denn bei den Treffen sei es um »politische Vorgänge von emi-

■ Lutz und von Schwendi

nenter Wichtigkeit« (S. 50) gegangen, die aber im Interesse der beteiligten Schweizer Industriellen wie auch der Angehörigen »einer fremden Gesandtschaft« (S. 50) geheim bleiben müssten.

Die Einschüchterung des Dr. Lutz

9. (S. 51–55) Im weiteren Gesprächsverlauf stellt von Schwendi die Bedeutung der in Gastmanns Haus stattfindenden Verhandlungen »um ein neues Handelsabkommen« (S. 51) heraus, dessen Abschluss durch den »Fall Schmied« (S. 52) gefährdet sei. Der eingeschüchterte Untersuchungsrichter Dr. Lutz verspricht, bezüglich Gastmann eine »Untersuchung so harmlos wie nur immer möglich zu gestalten« (S. 54). Der Nationalrat ist zufrieden: »Du wirst Gastmann in Ruhe lassen, Lützchen, ich nehme dich beim Wort.« (S. 54)

Beerdigung Schmieds

10. (S. 56–62) Zur Beerdigung von Schmied treffen Bärlach, Lutz, Tschanz, die Zimmerwirtin Schmieds und Anna, seine Freundin, zusammen. Trotz eines heftigen Unwetters verläuft die Zeremonie feierlich, bis »ein wilder, grölender Gesang« (S. 59) einbricht und zwei Männer, »befrackte Schlächter, schwer betrunken«, einen Kranz mit der Aufschrift »Unserem lieben Doktor Prantl« (S. 61) über den Sarg werfen – offensichtlich in Gastmanns Auftrag.

Bärlach und Gastmann

11. (S. 63–72) Als Bärlach nach Hause kommt, sitzt an seinem Schreibtisch ein Mann, den er seit langem kennt, den er jetzt als »Gastmann« identifiziert, der augenblicklich interessiert in »Schmieds Mappe« (S. 64) blättert und der seinerseits genau über Bärlach und sein Denken und Handeln, sogar über seine Krankheit Bescheid weiß. Bärlach und der, der sich jetzt Gastmann nennt, haben, wie offenbar wird, eine gemeinsame lange Vergangenheit. »[V]ierzig Jahre« zuvor haben sich Bärlach – »damals ein junger Polizeifachmann aus der Schweiz in türkischen Diensten« – und Gastmann – »ein herumgetriebener Abenteurer« (S. 65) – kennengelernt und haben dort am Bosporus über Gott und die Welt diskutiert. Als Bärlach die These vertrat, dass »die meisten Verbrechen zwangsläufig« aufgeklärt würden, sein Gegenüber aber behauptete, dass es Verbrechen gebe, »die nicht erkannt werden könnten« (S. 67), schlossen sie eine Wette ab. Um den Sieger zu ermitteln, hatte Gastmann einen »deutschen Kaufmann [...] ins Wasser gestoßen« (S. 69), der ertrank. Dieses Verbrechen wurde nie aufgeklärt. Seitdem verfolgt Bärlach den, der sich nun Gastmann nennt, und hofft immer noch, dass es ihm gelinge, ihm eines seiner »Verbrechen zu beweisen« (S. 72). Als Gastmann Schmieds Mappe mit sich nimmt, steht Bärlach wieder mit leeren Händen da, gepeinigt von einem neuen Schmerzanfall.

Die Wette

12. (S. 73–75) In einer nachmittäglichen Unterredung geht Bärlach ohne Widerspruch auf die Anordnungen des Dr. Lutz ein, Gastmann aus den Untersuchungen auszuklammern, obwohl er weiß, dass die Recherchen von Lutz über Gastmann, die diesen angeblich vollkommen entlasten, falsch sind. Mit Tschanz, der inzwischen den blauen Mercedes des Dr. Lutz gekauft hat, fährt er zu jenem Schriftsteller, der nach Angaben der Polizisten von Lamboing ebenfalls an Gastmanns Treffen teilgenommen haben soll.

■ Beim Schriftsteller

13. (S. 76–83) Der Schriftsteller, für den Gastmann »ein Nihilist« (S. 82) ist, hält diesen »zu jedem Verbrechen fähig«, ist aber auf Grund der Faktenlage »überzeugt, daß er den Mord an Schmied nicht begangen hat« (S. 81).

14. (S. 84–87) Tschanz drängt nach dem Besuch bei dem Schriftsteller, nun Gastmann aufzusuchen; denn er meint, eine einmalige »Chance« (S. 86) zu haben, wenn er Gastmann als Schmieds Mörder überführe. Doch Bärlach weigert sich und will »eine Woche Krankenurlaub« (S. 87) nehmen.

■ Bärlach bei seinem Hausarzt

15. (S. 88–90) Am Abend besucht Bärlach seinen Hausarzt, der ihn über den Stand seiner Krankheit aufklärt, über den auch Gastmann, der offensichtlich in der Arztpraxis eingebrochen war, Bescheid wusste. Vom Arztzimmer aus sieht Bärlach, wie Tschanz mit der Freundin Schmieds in ein italienisches Restaurant geht.

■ Überfall auf Bärlach

16. (S. 91–95) In der Nacht wird Bärlach von einem Unbekannten, der sich in der Wohnung genau auszukennen scheint, überfallen. Bärlach entgeht dem Anschlag.

17. (S. 96–100) Bärlach schildert dem sofort herbeigerufenen Tschanz den Überfall, behauptet: »[I]ch weiß, wer es gewesen ist« (S. 97). Ohne weitere Auskunft entlässt er Tschanz. Am frühen Sonntagmorgen ruft er ein Taxi, um sich zum Bahnhof bringen zu lassen. Als er in den Wagen steigt, merkt er, dass er von einem Diener Gastmanns chauffiert wird und dass Gastmann hinten im Auto sitzt. Statt, wie von Gastmann gefordert, die Wette aufzugeben, erklärt Bärlach: »Ich habe dich gerichtet, Gastmann, ich habe dich zum Tode verurteilt. [...] Der Henker [...] wird heute zu dir kommen« (S. 100). Bärlach betritt ungehindert den Bahnhof.

■ Bärlachs Ankündigung

18. (S. 101–105) Etwas später am Morgen passt Tschanz Fräulein Anna, die Freundin Schmieds, nach dem Gottesdienst in der Kathedrale ab, sagt, dass er »heute [...] Ulrichs Mörder stellen« (S. 101) werde, und fragt, ob er bei ihr die Stelle des Bräutigams einnehmen dürfe. Etwas zögernd sagt sie zu. Dann begibt sich Tschanz nach Lamboing, trifft auf den reisefertigen Gastmann und schießt – nachdem einer der Diener Gastmanns zuvor geschossen und nachdem Gastmann erkannt hat, dass Tschanz der angekündigte Henker ist – »dreimal in das [...] verhallende Lachen Gastmanns hinein« (S. 105).

■ Henker Tschanz

19. (S. 106–109) Die Polizei, von Tschanz herbeitelefoniert, findet »Tschanz blutend«, Gastmann und die beiden Diener tot, jeder »einen Revolver« in der

Hand, mit dem »noch geschossen« (S. 106) worden war. Lutz und Schwendi rekapitulieren am nächsten Morgen in Biel angesichts der drei Leichen, was geschehen ist. Als sie ihre Schlüsse dem hinzukommenden Bärlach darlegen, schweigt dieser.

■ Fehlschlüsse

20. (S. 110–117) Tschanz bemerkt, »daß er in eine heimtückische Falle geraten« (S. 112) ist, als er Bärlach am Abend bei einem üppigen Mahl gegenübersitzt. Dort sagt dieser ihm auf den Kopf zu: »Du bist Schmieds Mörder« (S. 112). Bärlach legt Tschanz in allen Einzelheiten dar, wie dieser selbst ihm, Bärlach, die »Tat schon lange bewiesen« (S. 113) hatte und welche Motive er, Tschanz, hatte, »Schmied zu töten« (S. 114). Bärlach gibt zu, Tschanz später als Mittel benutzt zu haben, um Gastmann zu erledigen. Bärlach war also der »Richter«, der sich Tschanz zu seinem »Henker« erwählte und ihn damit zum »Verbrecher« (S. 117) machte.

■ Bärlachs Resümee

21. (S. 118) Tschanz nimmt sich das Leben; Bärlach benachrichtigt seinen Arzt, er sei zur Operation bereit.

■ Schlüsse

Abb. 1: Figurenkonstellation

3. Figuren

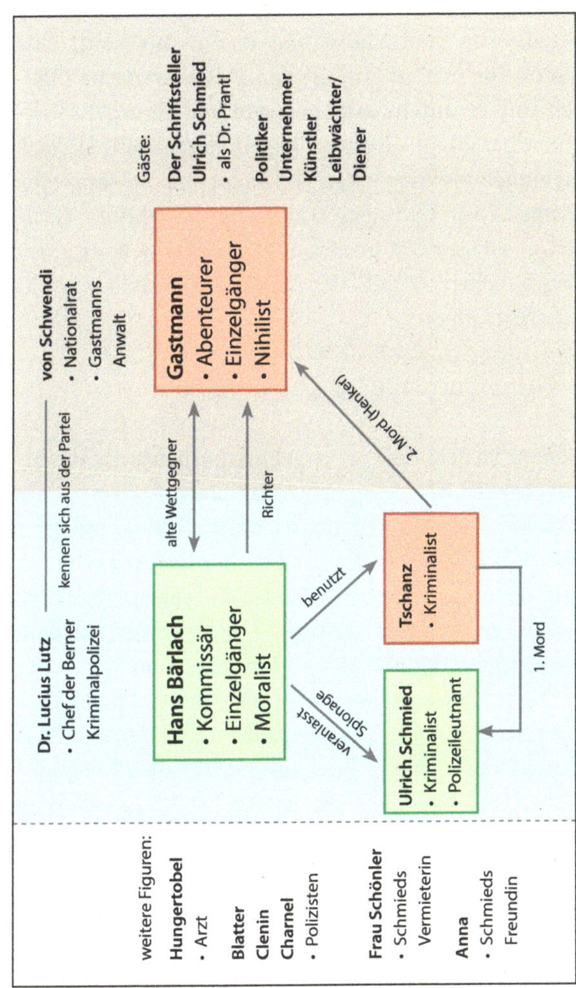

Dr. Lucius Lutz
• Chef der Berner Kriminalpolizei
kennen sich aus der Partei
von Schwendi
• Nationalrat
• Gastmanns Anwalt
Gäste:
Der Schriftsteller
Ulrich Schmied
• als Dr. Prantl
Politiker
Unternehmer
Künstler
Leibwächter/
Diener
Hans Bärlach
• Kommissär
• Einzelgänger
• Moralist
alte Wettgegner
Richter
Gastmann
• Abenteurer
• Einzelgänger
• Nihilist
2. Mord (Henker)
benutzt
veranlasst Spionage
Tschanz
• Kriminalist
Ulrich Schmied
• Kriminalist
• Polizeileutnant
1. Mord
weitere Figuren:
Hungertobel
• Arzt
Blatter
Clenin
Charnel
• Polizisten
Frau Schönler
• Schmieds Vermieterin
Anna
• Schmieds Freundin

»Kommissär« (S. 6) Bärlach und der Abenteurer Gastmann sind die Kontrahenten, die sich ein Leben lang gegenseitig beobachten und darauf aus sind, eine Wette für sich zu entscheiden. Als literarische Figuren sind sie aufeinander bezogen und als gegensätzliche Charaktere einander gegenübergestellt. Bärlach ist eingebunden in einen Polizeiapparat, zu dem seine Vorgesetzten und seine Untergebenen gehören. Gastmann ist ein Verbrecher und versammelt um sich Leute seiner Wahl aus unterschiedlichen Gesellschaftsgruppen.

■ Kontrahenten: Bärlach und Gastmann

Bärlach, der Schweizer Kommissär

■ Beruflicher Werdegang

Bärlach ist Schweizer von Geburt, besuchte das »Gymnasium« (S. 88), lebte später lange im Ausland – »in Konstantinopel und dann in Deutschland« – und hatte sich »als bekannter Kriminalist hervorgetan«, ehe er eine Stelle in seiner »Vaterstadt [...] Bern« (S. 8) annahm. Er ist »über sechzig« (S. 10), wohnt seit dem Jahr »dreiunddreißig in einem Hause an der Aare« (S. 24), ist Junggeselle, raucht gern und viel und ist ein Liebhaber des guten Essens und der Kochkunst. Allerdings ist er krank: Er hat häufig »Magenbeschwerden« (S. 15) und heftige »Schmerz[en]« (S. 72), beantragt später einen »Krankheitsurlaub« (S. 74, 87), weiß, dass er »nur noch ein Jahr« zu leben hat, selbst wenn er sich »innert drei Tagen operieren« (S. 89) lässt.

■ Private Lebensverhältnisse

Bärlach beweist eine große Eigenständigkeit des Denkens und Handelns. Es spricht für ihn, dass er

1933 in Frankfurt einen »hohen Beamten der damaligen neuen deutschen Regierung« (S. 8), einen Nationalsozialisten also, ohrfeigte, während die neutrale Schweiz einen Konflikt mit dem Naziregime scheute. Souverän tritt er auch seinem »›Chef‹, Dr. Lucius Lutz«, gegenüber auf, auch wenn dieser promoviert ist, an der Universität Vorlesungen hält und gerade von einem »Besuch der New Yorker und Chicagoer Polizei« (S. 8) zurückkehrt. Selbstbewusst vertritt Bärlach seine Meinung, betritt das Büro seines Vorgesetzten, »ohne anzuklopfen« (S. 56), zündet sich sogar vorher eine Zigarre an, »wohl wissend, daß sich der jedesmal über die Freiheit ärgerte« (S. 13). Er darf sich offensichtlich erlauben, auf die direkte Frage von Dr. Lutz, wen er im Fall Schmied »im Verdacht« habe, die abweisende Antwort zu geben: »Das kann ich Ihnen noch nicht sagen« (S. 14). Einer Diskussion »über den Wert der modernen wissenschaftlichen Kriminalistik« (S. 15) weicht er selbstbewusst aus; er ist sich sicher, mit den ihm eigenen Methoden herauszufinden, »wer den Schmied getötet hat« (S. 14).

Selbstbewusstsein und Eigenwilligkeit

Dass er das unprofessionelle Verhalten des Polizisten Alphons Clenin, der den toten Schmied »den See entlang gegen Biel fuhr« (S. 6), nicht tadelt, verwundert den Leser ebenso wie Bärlachs Aussagen Tschanz gegenüber, dass er »den Toten nicht gesehen« und das »Protokoll« (S. 20) nicht gelesen habe. Erst später erfährt der Leser, dass Bärlach zu diesem Zeitpunkt bereits einen gesicherten Verdacht hat, wer Schmieds Mörder ist.

Überraschendes Verhalten

Strategie und Taktik

Später merkt der Leser auch, dass Bärlach nicht der Kauz ist, für den man ihn halten könnte, sondern ein erfahrener Stratege und Taktiker. Er überrumpelt die Vermieterin Frau Schönler, um an Schmieds Unterlagen zu kommen, redet doppeldeutig, dass Schmied »diese Nacht dienstlich verreisen« musste und nun »mehr in der Höhe« (S. 10) sei, dass man aber von solchen Reisen »gewöhnlich keine Postkarten« (S. 11) schreibe. Dr. Lutz gegenüber verspricht er, »rücksichtslos ein[zu]greifen« (S. 14), wenn es um die Aufklärung des Verbrechens gehe. Er dürfte damit die Herausforderung meinen, gegen Tschanz, den Kollegen, ermitteln zu müssen, was Lutz so nicht verstehen kann. Ebenso wenig wird Tschanz verstehen, was Bärlach meint, wenn er auf das Angebot von Tschanz, er könne allein zum Tatort nach Lamboing fahren, sagt: »Das könnte Ihnen gerade so passen, daß ich zu Hause bleibe« (S. 25). Tschanz auf dieser Fahrt genau zu beobachten, ist Teil von Bärlachs Strategie, von der Tschanz selbstverständlich nichts weiß. Erst am Schluss wird Bärlach eingestehen: »Alles was ich tat, geschah mit der Absicht, dich in die äußerste Verzweiflung zu treiben« (S. 116).

Verstellungen

Bärlach verstellt sich gegenüber Tschanz, wenn er sagt, über die persönlichen Verhältnisse Schmieds – so über »Anna« (S. 21) – nicht Bescheid zu wissen. Er reizt ihn bewusst, wenn er die Vorzüge Schmieds mit dem Satz »Tschanz, der war uns über« hervorhebt, wenn er diesen Schmied als klaren Kopf hinstellt, »der wußte, was er wollte, und verschwieg, was er wußte, um nur dann zu reden, wenn es nötig war« (S. 19). Ganz nebenbei beschreibt er damit seine eigene Strategie, ohne dass Tschanz das merkt. Er verlockt Tschanz zu unüberlegtem Tun, wenn er ihm sagt »die Haustüre ist nie geschlossen« (S. 25), obwohl das so nicht stimmt (vgl. S. 98). Für die Fahrt nach Lamboing – wo sie schließlich Gastmann aufsuchen – ist Bärlach mit »Revolver« und mit »dicken Tüchern« (S. 44) umwickeltem Arm besser gerüstet, als Tschanz vermutet. Mit kühler Berechnung bereitet er außerdem die Situation vor, in der Tschanz am »Tatort« nachspielt, was »auch Schmied begegnet war« (S. 43) und was Tschanz schon als Ergebnis seiner Recherchen vorgetragen hatte: Schmied »kannte […] den Mörder, weil er sonst nicht gestoppt hätte« (S. 20).

Das zentrale Ereignis in Bärlachs Leben ist die Wette, die er in jungen Jahren in Konstantinopel mit jenem Abenteurer geschlossen hat, der ihm jetzt im Alter wieder entgegentritt. Die »im Übermut« geschlossene Wette zielte darauf ab, zu prüfen, ob es möglich sei, »Verbrechen zu begehen, die *nicht* erkannt werden könnten« – so Gastmann –, oder ob allein schon der »Zufall […] der Grund sei, der die meisten Verbrechen zwangsläufig zutage fördern müsse« – so Bärlach (S. 67). Um seine These zu beweisen, wurde der Abenteurer zum Mörder und später zum skrupellosen Verbrecher. Bärlach hingegen wurde »ein immer besserer Kriminalist« (S. 69), weil auch er von seiner These überzeugt war. Die Wette ist so lange nicht entschieden, wie der eine Verbrechen begeht und der

■ »Im Übermut« geschlossene Wette

andere bemüht ist, diese aufzudecken. Deshalb ist Schmieds Tod für Bärlach ein harter Schlag, weil Schmied dabei war, für Bärlach Beweise gegen Gastmann zu sammeln.

Bärlach: Vom Aufklärer zum Richter

Bärlach gibt nach Schmieds Tod die Rolle als Aufklärer auf, maßt sich die Rolle eines Richters an und zwingt Tschanz die Rolle eines Henkers auf. Bärlach erledigt am Ende Gastmann, wie »der Jäger [...] das Wild [...] erledigt« (S. 108). Um seinen Gegner »zu vernichten« (S. 109), da er ihn nicht mehr »stellen« (S. 116) konnte, hat er Unrecht billigend in Kauf genommen. Wenn Bärlach sich als »großer alter schwarzer Kater, der gern Mäuse frißt« (S. 21), ausgibt, so gesteht er ein, dass es ihm am Schluss in erster Linie um einen Sieg über seinen Gegner geht und nur zweitrangig um Recht, Gesetz, Strafe und Sühne.

Gastmann, der verfolgte Verbrecher

Der Abenteurer

Über die wahre Identität jener Figur, die als »Gastmann« (S. 31) einflussreiche Leute um sich versammelt und am Ende von Tschanz, dem behördlichen »Stellvertreter in der Mordsache Schmied« (S. 15), erschossen wird, erfährt man wenig Gesichertes. Einzig Kommissär Bärlach weiß »seit einiger Zeit ganz genau« (S. 64), dass der, der sich mit dem Namen Gastmann in Lamboing niedergelassen hat, jener »Abenteurer« ist, mit dem er »vierzig Jahre« (S. 65) zuvor »im Übermut eine Wette geschlossen« (S. 67) hat, die noch nicht entschieden ist.

Als sich Bärlach und dieser Gastmann nach vierzig Jahren zum ersten Mal wieder gegenübersitzen, resümiert der Zurückgekehrte, dass er »in diesem gottverlassenen Dorf« – gemeint ist Lamboing – geboren wurde und dass er sich »dreizehnjährig, in einer Regennacht« (S. 70) fortgestohlen habe. Von seinem Vater scheint er nichts zu wissen; geboren hat ihn, so vermutet er, »irgendein längst verscharrtes Weib« (S. 70). So zog er damals los, »gierig, dieses mein einmaliges Leben und diesen ebenso einmaligen, rätselhaften Planeten kennenzulernen« (S. 65).

Herkunft

Die Polizisten von Twann und Lamboing, die die Vorgeschichte dieses Gastmann nicht kennen, wissen, dass er »ein Haus gekauft habe, zu dem immer viele Gäste kämen« (S. 40), halten ihn für »très riche«, »très noble« und für einen »Philosophen« (S. 41). Für sie ist er »der sympathischste Mensch im ganzen Kanton« (S. 41). Nationalrat von Schwendi, der sich als Anwalt Gastmanns zu erkennen gibt, hält seinen Klienten für einen Mann großen Formats, der es »ablehnte, in die Französische Akademie gewählt zu werden«, der »als jahrelanger Gesandter Argentiniens in China« bei den Großmächten Vertrauen genieße und als »ehemaliger Verwaltungspräsident des Blechtrusts« auch das Vertrauen der Industrie erworben habe (S. 53).

Einschätzung durch andere

Untersuchungsrichter Lutz glaubt, erfahren zu haben, dass dieser Gastmann »gebürtig aus Pockau in Sachsen, Sohn eines Großkaufmanns in Lederwaren« (S. 73) sei, das »Kreuz der Ehrenlegion« trage und

Eine Fehlinformation

durch »Publikationen über biologische Fragen bekannt geworden« (S. 74) sei.

Ein »Nihilist«

Der Schriftsteller, der im Hause Gastmanns verkehrte, schätzt vor allem die Kochkunst des Gastgebers, hält ihn im Übrigen »zu jedem Verbrechen fähig« (S. 81), weil er ein »Nihilist« sei, ein Mensch also, der »das Gute ebenso aus einer Laune, aus einem Einfall tut wie das Schlechte« (S. 82). Gastmann, so soll man folgern, handelt nicht nach moralischen Grundsätzen, sondern aus der »Freiheit des Nichts« (S. 83). Anders als Tschanz hofft, kommt er aber als Mörder Schmieds nicht in Frage, wie der Schriftsteller richtig schließt (S. 80) und Bärlach längst weiß (S. 99).

Bärlachs Gegenspieler

Für Kommissär Bärlach ist Gastmann der Gegenspieler, gegen den er seit 40 Jahren eine Wette laufen hat, die er mit allen Mitteln zu gewinnen sucht. Er sieht in ihm den skrupellosen Verbrecher, den »die Lust« trieb, »immer kühnere, wildere, blasphemischere Verbrechen zu begehen« (S. 69), um Bärlach, seinen Gegenspieler, herauszufordern und zu reizen. Nun hat dieser nur noch ein Jahr zu leben, und Gastmann glaubt, den Sieg vor Augen zu haben, da sich zu bestätigen scheint, dass es möglich sei, »Verbrechen zu begehen, die *nicht* erkannt werden« (S. 67) können.

Das Ende Gastmanns

Dass Bärlach von seinen Grundsätzen abweicht, um seinen Gegner zu erlegen, hat dieser nicht vorausgesehen. Gastmann wird am Schluss wegen eines Verbrechens ›hingerichtet‹, das er nicht begangen hat, von einem Henker, der so zum zweiten Mal zum Mörder wird. Bärlach, der Schachspieler, trägt um den

Preis, dass er den eigenen hohen Vorstellungen von Recht und Gerechtigkeit untreu wird, den äußeren Sieg davon.

Dr. Lucius Lutz, der Behördenchef

Lutz ist Untersuchungsrichter und Chef der Berner Kriminalpolizei. Seine Stellung scheint er vor allem der Tatsache zu verdanken, dass er einem angesehenen und vermögenden »stadtbernische[n] Geschlecht« (S. 8) entstammt. Er hält Vorlesungen »auf der Universität über Kriminalistik«, um sein Ansehen zu erhöhen, und redet verächtlich »über den vorweltlichen Stand der Verbrecherabwehr der schweizerischen Bundeshauptstadt« (S. 8). Begeistert spricht er »über den Wert der modernen wissenschaftlichen Kriminalistik« (S. 15), deren Methoden er bei »einem Besuch der New Yorker und Chicagoer Polizei« (S. 8) kennengelernt zu haben vorgibt.

■ Die Stellung

Der etwas ungewöhnliche Vorname Lucius, der Anklänge an das lateinische Wort für ›Licht, Erleuchtung, Aufklärung‹, nämlich *lux*, wachruft, darf als Ironiesignal verstanden werden; denn dieser Lucius Lutz täuscht sich nicht nur in Tschanz, von dem er meint, dass er bemüht sei, »kriminalistisch auf der Höhe zu bleiben« (S. 15). Er lässt sich von Nationalrat von Schwendi ausspielen und durchschaut nicht einmal im Rückblick, was in seinem Amtsbereich wirklich geschehen ist. Er hält Tschanz, den Mörder Schmieds, für den erfolgreichen Aufklärer des Verbrechens und

■ Die angezweifelte Kompetenz

glaubt, ihn »befördern [zu] müssen« (S. 108). Er selbst und Bärlach stünden, wie er sagt, »wie Esel [...] da« (S. 108), was der Leser bezüglich der Figur Bärlachs nicht bestätigen wird.

Tschanz, der Kriminalpolizist

■ Der Ehrgeiz und die Folgen

Tschanz ist der ehrgeizige Kriminalist, der voller Neid auf seinen Kollegen Ulrich Schmied blickt, dem all das gelingt, was ihm, Tschanz, versagt zu sein scheint. Er fühlt sich benachteiligt und glaubt, den Grund in den Vorbedingungen zu sehen: dass er nämlich – anders als Schmied – keine »reiche[n] Eltern« hatte und nicht »das Gymnasium besuchen« (S. 26) konnte.

■ Konkurrenz

Tschanz sieht in Schmied den Konkurrenten, an dem er sich ausrichtet und den er zugleich hasst. Er kleidet sich wie Schmied, trägt den »gleichen Mantel wie Schmied und einen ähnlichen Filzhut« (S. 18). Um Schmieds Position bei der Polizei einzunehmen, ein Auto wie Schmied zu fahren und um die Augen von dessen Freundin Anna auf sich zu lenken, glaubt er, Schmied umbringen zu müssen.

In der Aufklärung des Mordfalls sieht er »eine Chance [...] hinaufzukommen« (S. 86). Er glaubt, hinreichend klug vorgegangen zu sein, um Gastmann als Mörder überführen zu können und sich selbst als kompetenten Aufklärer zu empfehlen. Einzig Bärlach durchschaut Tschanz, reizt ihn, lockt ihn in Fallen unterschiedlicher Art und weist ihm am Ende den Mord an Schmied nach.

Vorher aber benutzt er Tschanz als Spielball, mit dem er Gastmann in die Enge treibt und erledigt. Tschanz läuft in alle Fallen, die Bärlach ihm aufstellt: Er wird für Bärlach zum Henker und, als er einen Tag später »unter seinem vom Zug erfaßten Wagen tot aufgefunden« (S. 118) wird, ist er zum dreifachen Mörder geworden. In Tschanz hatte Bärlach seine letzte Chance gesehen, Gastmann zu erledigen, ohne selbst töten zu müssen.

Henker und Mörder

Der Schriftsteller

Der Autor in der Rolle des Schriftstellers

Dürrenmatt hat sich mit der Figur des Schriftstellers »selber in den Roman hineingespielt: Er ist ganz unverkennbar jener Schriftsteller, den Bärlach verhört, jener Schriftsteller, der allzu gern hätte, daß man ihm einen Mord wenigstens zutraue«[6]. Es ist nur konsequent, dass Dürrenmatt in der späteren Verfilmung des Romans (siehe hierzu im Lektüreschlüssel S. 100) die Rolle selbst übernahm.

Autobiographische Züge erhält das 13. Kapitel auch dadurch, dass der Schriftsteller wohnt und arbeitet wie der Autor Dürrenmatt, dass er ähnlich gekleidet ist und dass zum Hausstand Kind und Hund gehören. Wichtiger sind jedoch die Selbstoffenbarungen, dass es sein Beruf sei, »den Menschen auf die Finger zu sehen«, er »eben auch eine Art Polizist« sei, »aber ohne Macht, ohne Staat, ohne Gesetz und ohne Gefängnis hinter sich«

Dürrenmatts Selbstdarstellung

6 Elisabeth Brock-Sulzer, *Friedrich Dürrenmatt. Stationen seines Werks*, 3., erg. Aufl., Zürich 1970, S. 235.

(S. 81). Deshalb – so der Schriftsteller – könnte er »sein Leben darangeben, diesen Mann [Gastmann] und diese seine Freiheit zu studieren« (S. 83). Sein Interesse gilt der Frage, wie sich die verschiedenen Menschen in unterschiedlichen Situationen verhalten.

Das Erkenntnisinteresse

Wie Bärlach eingesteht, dass »das Böse [...] das große Rätsel« sei, »das zu lösen ihn immer wieder aufs neue verlockte« (S. 33), so »fasziniert« den Schriftsteller »die Möglichkeit eines Menschen, der nun wirklich ein Nihilist ist [...], weil er das Gute ebenso aus einer Laune, aus einem Einfall tut wie das Schlechte« (S. 82). Für den »wirklichen Gastmann« (S. 83) interessiert er sich weniger als für den möglichen, von dem er sich – eine Anspielung Dürrenmatts auf seinen Schriftstellerkollegen Max Frisch (siehe im Lektüreschlüssel S. 107) – »ein Bild« (S. 81) macht. »Was ist der Mensch?« (S. 72) Diese zunächst offene Frage bewegt in ähnlicher Weise Bärlach, Gastmann und den Schriftsteller. Am Ende wird die Frage zu einem Ausruf des Schreckens.

4. Form und literarische Technik

Der Autor Friedrich Dürrenmatt gestaltet seine Erzählung zu einem Roman. Der Roman als Großform der Epik ist in der heutigen Zeit die am weitesten verbreitete und von einem großen Lesepublikum besonders bevorzugte Dichtungsart. Unter thematischen Gesichtspunkten lassen sich unter anderem Abenteuer-, Entwicklungs-, Gesellschafts-, politische und Liebesromane unterscheiden. Dürrenmatts Roman *Der Richter und sein Henker* gilt, vereinfachend gesagt, als Kriminalroman (siehe hierzu S. 48).

■ Gattung und Art

Der Roman ist in 21 Kapitel eingeteilt, die in einigen Ausgaben durchnummeriert sind, in anderen nicht. Es wird linear erzählt, d. h., der Erzähler folgt Tag für Tag und Schritt für Schritt den Ermittlungen der auftretenden und handelnden Figuren. Die Erzählung setzt mit dem »dritten November neunzehnhundertachtundvierzig« (S. 5) ein, als der Polizist Alphons Clenin auf die Leiche des Polizeileutnants Ulrich Schmied trifft. Damit beginnt eine Geschichte, deren Vorgeschichte weit zurückreicht, die jetzt aber in wenigen Tagen zu einem Abschluss kommt.

■ Einteilung in Kapitel

Eine zunächst unvermutete Komplexität entsteht im Roman dadurch, dass unterschiedliche Erzählstränge ineinandergreifen, deren Verknüpfungen erst am Schluss deutlich werden.

Die zeitliche Folge der erzählten Ereignisse

Erzählte Zeit

Donnerstag: 3. 11. 1948 (1. und 2. Kapitel): Die Leiche Ulrich Schmieds wird gefunden. Die Untersuchungen des Falls werden von Biel aus und dann hauptsächlich in Bern eingeleitet. Kommissär Bärlach wird von seinem Vorgesetzten Dr. Lucius Lutz mit Tschanz ein »Stellvertreter in der Mordsache Schmied« (S. 15) zugeteilt.

Freitag: 4. 11. 1948 (3.–7. Kapitel): Tschanz und Bärlach besprechen den Fall. Sie gehen Tschanz' Vermutung nach, dass ein in Lamboing wohnhafter Gastmann mit der Tat zu tun habe. Bei einer Ortsbesichtigung in Lamboing wird Bärlach von einem Hund Gastmanns angefallen. Bärlach veranlasst Tschanz auf der Straße von Lamboing, sich so zu verhalten, wie Schmied sich verhielt, als er ermordet wurde. Tschanz merkt, dass Bärlach ihn verdächtigt.

Samstag: 5. 11. 1948 (8.–16. Kapitel): Der Oberst und Nationalrat von Schwendi beeinflusst Dr. Lutz, die Untersuchungen gegen diesen noch nicht näher bekannten »Gastmann« (S. 31) einzustellen. Bei der Rückkehr von Schmieds Beerdigung trifft Bärlach auf jenen Gastmann, der sich Zugang zu Bärlachs Wohnung verschafft und wichtige Unterlagen an sich genommen hat. Bärlach und Gastmann blicken auf ihre gemeinsame Vorgeschichte zurück. Bärlach erbittet bei Dr. Lutz eine Woche Krankenurlaub, besucht am Nachmittag zusammen mit Tschanz einen Schriftsteller, der ebenfalls zum Bekanntenkreis von Gastmann gehört, und gerät mit Tschanz in Streit über das weitere Vorgehen. In der Nacht übersteht Bärlach einen Überfall in seiner Wohnung.

Sonntag: 6. 11. 1948 (17. und 18. Kapitel): Das Auto, das Bärlach zum Bahnhof bringt, ist nicht das bestellte Taxi, sondern ein Wagen Gastmanns, der von dessen Fahrer gesteuert wird. Gastmann droht Bärlach; Bärlach kündigt an: »Der Henker, den ich ausersehen habe, wird heute zu dir kommen« (S. 100). Am Nachmittag erschießt Tschanz Gastmann und seine Diener.

Montag: 7. 11. 1948 (19. und 20. Kapitel): Dr. Lutz und von Schwendi erklären sich die Zusammenhänge zwischen den Verbrechen und erliegen ihren Fehlschlüssen, die aber nicht aufgeklärt werden. Bärlach steht vor Gastmanns Leiche als »Richter, dessen Urteil das Schweigen ist« (S. 109). Am Abend enthüllt Bärlach während eines ausgiebigen Abendessens Tschanz gegenüber die ganze Wahrheit.

Dienstag: 8. 11. 1948 (21. Kapitel): Tschanz hat Selbstmord begangen. Bärlach wird sich operieren lassen.

Die Verknüpfung der Erzählstränge

Einem weit verbreiteten Muster des Detektivromans entsprechend, wird dem Leser auf der ersten Seite eine »Leiche« präsentiert: Aus den in der Brieftasche mitgeführten Unterlagen geht hervor, dass es »sich beim Toten um Ulrich Schmied handelte, Polizeileutnant der Stadt Bern« (S. 5).

■ Erzählstrang 1: Der »Fall Schmied«

Mit dem »Fall Schmied« (S. 8) wird Kommissär Bärlach betraut, der sofort erste Ermittlungen anstellt, sich dann den jungen Kollegen Tschanz – von dem der Leiter der Behörde meint, dass er »kriminalistisch auf der Höhe« (S. 15) sei – als seinen »Stellvertreter in der Mordsache Schmied« (S. 15) zuordnen lässt, diesen am Ende aber selbst als »Schmieds Mörder« (S. 112) überführen kann und abschließend feststellt: »Der Fall Schmied ist erledigt« (S. 117).

Zwischenzeitlich hat sich jedoch ergeben, dass der »Fall Schmied« (S. 8) nur *ein* Erzählstrang des Romans ist – und nicht einmal der wichtigste. Kommissär Bärlach ist in eine Geschichte verwickelt, die »vierzig Jah-

■ Erzählstrang 2: Der »Fall Gastmann«

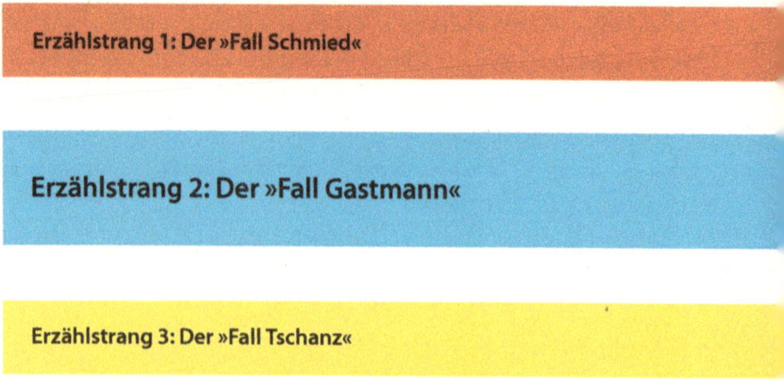

Erzählstrang 1: Der »Fall Schmied«

Erzählstrang 2: Der »Fall Gastmann«

Erzählstrang 3: Der »Fall Tschanz«

Abb. 2: Die drei Erzählstränge der Handlung

re« (S. 65) zuvor in Konstantinopel begann, in deren Zentrum ein nie aufgeklärter »Mord« an »einem deutschen Kaufmann« (S. 69) verübt wurde, der von lebensentscheidender Bedeutung für den Mörder und für den damals jungen »Polizeifachmann aus der Schweiz« (S. 65) wurde. Diesen Mörder von Konstantinopel verfolgt Bärlach seit damals, ohne dass er ihm je ein Verbrechen nachweisen konnte.

Als Bärlach nun erfahren hat, dass sich jener von ihm immer verfolgte Verbrecher unter dem Namen Gastmann in der Schweiz niedergelassen hatte, hat er seinen Kollegen Schmied beauftragt, diesen Gastmann zu beobachten und Material über und gegen ihn zu sammeln. So wurde Schmied in die Geschichte verwickelt, die ihren Ursprung in Konstantinopel hatte und nun auf Fortsetzung und Abschluss drängt.

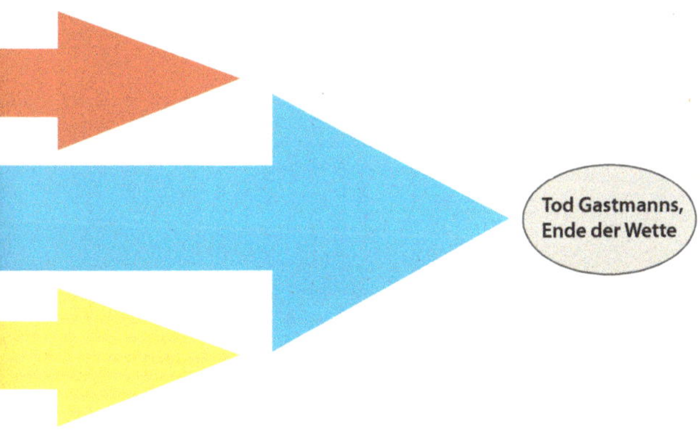

Schmieds Ermordung ist ein Rückschlag für Bärlach, der nun einen neuen Weg suchen muss, Gastmann zu stellen.

Erzählstrang 3: Der »Fall Tschanz«

Tschanz, der Schmied beseitigt hat, um dessen Stelle als erfolgreicher Kriminalist einzunehmen, möchte Bärlach beweisen, dass Gastmann Schmieds Mörder ist. Bärlach, der sehr früh in Tschanz den Mörder Schmieds sieht, erkennt, dass Tschanz eine falsche Indizienkette gelegt hat, um den Verdacht auf Gastmann zu lenken. Er treibt Tschanz dazu, Gastmann als angeblichen Mörder Schmieds zu erschießen. Tschanz erfährt im Nachhinein, dass er, der aus niedrigen Motiven den Mord an Schmied beging, zu dem Mord an Gastmann verführt wurde.

Der »Fall Schmied« (S. 8) wird von Kommissär Bärlach aufgeklärt, jedoch nicht zur Anklage gebracht.

Die Vorgeschichte als verdeckte Kriminalgeschichte				
Bärlach und Gastmann schließen in Konstantinopel eine Wette ab. Gastmann ermordet einen Kaufmann; Bärlach kann die Tat nicht beweisen.	Gastmann übersiedelt nach Lamboing und organisiert in seinem Haus wirtschaftspolitische Verhandlungen	Polizeileutnant Schmied verschafft sich unter falschem Namen Zugang zu Gastmanns Abenden und ermittelt für Bärlach.	Tschanz erfährt von Schmieds Ermittlungen bei Gastmann.	Tschanz ermordet Schmied.

Die Detektivgeschichte								
Schmieds Leiche wird gefunden.	Bärlach holt eine »Mappe« aus Schmieds Wohnung und findet eine Revolverkugel am Tatort.	Bärlach fordert und erhält Tschanz als Vertreter in der Mordsache Schmied.	Bärlach und Tschanz fahren nach Lamboing. Bärlach wird von Gastmanns Hund angefallen. Tschanz reagiert am Tatort, wie Schmied vermutlich reagierte, als er ermordet wurde.	Gastmann erinnert Bärlach an die gemeinsame Geschichte. Er nimmt Schmieds Mappe mit sich.	Bärlach wird in der Nacht in seiner Wohnung überfallen.	Bärlach richtet Gastmann und kündigt einen Henker an. Tschanz erschießt Gastmann und dessen Diener.	Bärlach überführt Tschanz als Mörder Schmieds und erklärt ihm, wie er zum Henker Gastmanns wurde.	Tschanz nimmt sich das Leben. Bärlach meldet sich zur Operation an.

Abb. 3: Die Struktur des Romans

Für das Gericht bleibt der wahre Mörder Schmieds unbekannt; der Untersuchungsrichter Dr. Lutz glaubt, dass der tote Gastmann Schmied habe ermorden lassen.

Die Fälle und ihre »Lösungen«

Der »Fall Gastmann« wird gegen Recht und Gesetz, dafür mit List und Gewalt gelöst. Den Polizei- und Gerichtsbehörden bleibt verborgen, dass hier eine gesetzwidrige Hinrichtung erfolgte.

Der »Fall Tschanz« spielt sich völlig im Verborgenen ab. Nur Bärlach weiß, dass Tschanz der Mörder Schmieds und der Henker Gastmanns ist. Tschanz' Selbstmord ist eine Art Selbstjustiz.

Keines der Verbrechen wird auf legale Weise geahndet. Die Gerechtigkeit mag hergestellt sein, die öffentliche Ordnung dagegen nicht.

Die Schauplätze

Leser von Romanen wissen, dass sie sich in einer erdichteten Erlebnis- und Erfahrungswelt befinden. Trotzdem nehmen sie gerne Hinweise entgegen, die ihnen bei der Orientierung in Zeit und Raum helfen. Dürrenmatt kommt seinen Lesern dadurch entgegen, dass er seinen Roman an realen Schauplätzen in der Schweiz spielen lässt. Die ersten Leser, die die Geschichte als Fortsetzungsroman in dem *Schweizerischen Beobachter* 1950 und 1951 kennengelernt haben, dürften die Handlungsorte aus eigener Anschauung gekannt haben. Späteren und ortsfremden Lesern stehen Stadtpläne und Landkarten zur Verfügung, um

Reale Schauplätze

sich ein Bild von den Schauplätzen des Geschehens zu machen.

Wer es darauf anlegt, wird anhand des Stadtplans von Bern herausfinden, wo Schmied und wo Bärlach wohnen, wo der »Kommissär« zu Mittag isst und wo sein Büro ist. Durch solche in der Realität nachweisbaren Angaben erhöht der Erzähler seine Glaubwürdigkeit. Doch es geht um mehr: Die Gegend um den Bielersee, die Zufahrten und die Abfahrten zu den verschiedenen Orten bilden ein Handlungsgeflecht von besonderer Bedeutung. In der Nähe der »Twannbachschlucht« (S. 5) wird Schmied ermordet; später nähert sich Tschanz dem Ort Ligerz, fährt weiter nach Lamboing, bis er schließlich vor Gastmann und dessen Dienern steht: »Dann schoß er dreimal« (S. 105). Morde bilden jeweils den Schlusspunkt der Episoden.

■ Bedeutsames Geflecht

Der Bielersee liegt zwischen der Twannbachschlucht, die zu Gastmanns Villa führt, und der Gerichts- und Behördenstadt Bern. Von Bern aus operieren sowohl Bärlach, der Kommissär, als auch Schmied und Tschanz, die konkurrierenden Polizisten. Gastmann, der Beobachtete und Verfolgte, hat seinen

■ Die Wegstrecke von Bern nach Lamboing

Abb. 4: Zwei Wege führen von Bern nach Lamboing: 1. (rot) Die ›ungewöhnlichere‹ Strecke fuhr Tschanz mit einem blauen Mercedes in der Mordnacht, und er fährt sie zwei Abende später erneut mit Bärlach, um zu belegen, dass Schmied diesen Weg gewählt habe; 2. (grün) diese Strecke ist Schmied tatsächlich gefahren, er hielt nachweislich in Lyss. – © Open StreetMap-Mitwirkende / Open Database Licence (ODbl) 1.0 / Daten von www.openstreetmap.de/karte.html

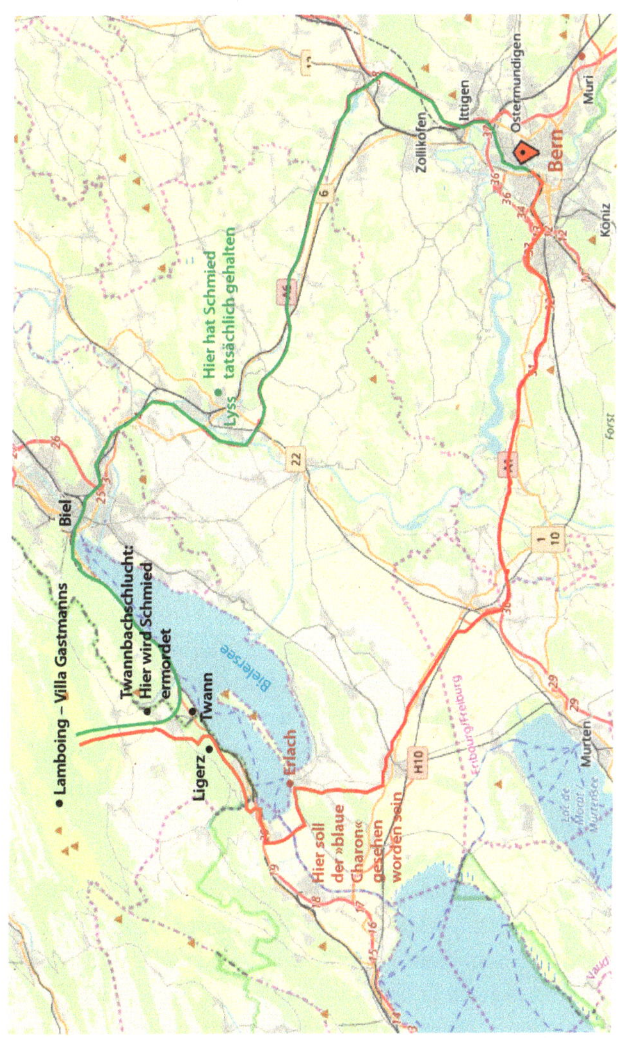
Lamboing – Villa Gastmanns
Twannbachschlucht: Hier wird Schmied ermordet
Twann
Ligerz
Erlach
Bielersee
Hier soll der »blaue Charon« gesehen worden sein
Biel
Lyss
Hier hat Schmied tatsächlich gehalten
Zollikofen
Ittigen
Ostermundigen
Bern
Muri
Köniz
Murten
Fribourg/Freiburg
Forst

Wohnsitz in der Nähe von Lamboing. Der Wegstrecke von Bern nach Lamboing kommt im Rahmen der Ermittlung des Mordes an Schmied besondere Bedeutung zu: Der Zielort Lamboing kann auf zwei unterschiedlichen, aber ähnlich weiten Strecken erreicht werden. Tschanz legt eine Spur, die er später benutzen will, um seine These, dass Gastmann Schmieds Mörder sei, zu belegen. Tatsächlich aber liefert er mit diesem Unterfangen Bärlach den Beweis, dass er, Tschanz, selbst des Mordes und des versuchten Betrugs schuldig ist.

Mit dem Fall Schmied ist von dem Augenblick an, in dem Schmieds Leiche in Bern übergeben wird, in erster Linie Kommissär Bärlach betraut. Bärlach war der Vorgesetzte des Toten, jetzt ist er Leiter der Untersuchung. Zugeordnet ist ihm der Polizist Tschanz. Sein unmittelbarer Vorgesetzter ist Polizeidirektor Dr. Lucius Lutz, zu dem er ein gespanntes Verhältnis hat. Dr. Lutz schätzt weder die ihm unterstellte Polizeibehörde noch die Arbeit der Kollegen hoch ein und mahnt indirekt, sich ein Beispiel an den Behörden in Chicago (S. 14, 46) zu nehmen. Das muss Bärlach nicht schrecken, da er »lange im Auslande gelebt und sich in Konstantinopel und dann in Deutschland als bekannter Kriminalist hervorgetan« (S. 8) hat. Für Bärlach sind die Herausforderungen, die im Falle eines Mordes gegeben sind, stets vergleichbar – unabhängig vom Ort des Geschehens. Und die Methoden der Ermittlungen sind es auch. Er ist selbstbewusst genug, um sich gegen seinen Vorgesetzten durchsetzen zu können.

■ Bärlach, der welterfahrene Kriminalist

Anklänge an die Zeitgeschichte

Lebenslauf und Berufsweg Kommissär Bärlachs werden in wenigen Sätzen angedeutet: Kindheit und Jugend hat er in der Schweiz verbracht; er hat eine Zeit lang Dienst in der Türkei, in Konstantinopel, später in Deutschland getan, doch »kehrte er schon dreiunddreißig in seine Vaterstadt zurück« (S. 8). Grund war die zunehmende und sich durchsetzende nationalsozialistische Herrschaft in Deutschland. Die »Ohrfeige«, »die er einem hohen Beamten der damaligen neuen deutschen Regierung« (S. 8) verpasste, hätte wahrscheinlich unangenehme Folgen gehabt, denen er sich lieber entzog. Auch in der neutralen Schweiz gab es damals durchaus Stimmen, die das gute Verhältnis zu Deutschland nicht gestört sehen wollten. Als dann später, »aber erst fünfundvierzig« (S. 8), die Untaten der Nationalsozialisten aufgedeckt wurden, war die Ablehnung gegen sie einhellig und Bärlach war nachträglich rehabilitiert. Der Leser mag in dieser Darstellung eine versteckte Kritik am Verhalten der Schweizer Behörden erkennen.

■ Anspielung auf den Nationalsozialismus

Einen weiteren kleinen Seitenhieb müssen sich die Amtsträger in den Schweizer Behörden gefallen lassen: So wird kritisch bemerkt, dass Dr. Lucius Lutz seinen Aufstieg wohl eher einem »Basler Erbonkel« (S. 8) als eigenen Fähigkeiten verdankt. Später wird deutlich, dass auch höhere Posten des Beamtenapparates an Freunde und Verwandte vergeben werden. Dunkle Flecken auf der ansonsten weißen Schweizer Weste.

■ Vetternwirtschaft in Schweizer Behörden

Illegale Schweizer Geschäfte

Im Laufe der Ermittlungen im Falle Schmied führt eine Spur zu einer Gruppe von einflussreichen Schweizer Bürgern, die sich regelmäßig im Hause Gastmann zu treffen scheinen. Sprecher der Gruppe, die sich durch den unvermuteten Besuch von Bärlach und Tschanz gestört fühlt, ist der »Nationalrat von Schwendi« (S. 36), der zugleich »Oberst und Advokat« (S. 39) ist und der Verbindungen zu verschiedenen Gruppierungen der Gesellschaft zu haben scheint. Aus einem Gespräch, das von Schwendi später mit dem Polizeipräsidenten Dr. Lucius Lutz führt, geht hervor, dass an den Treffen im Hause Gastmann drei Gruppen von Personen beteiligt sind: »Künstler« (S. 49), dann Industrielle, die von Schwendi als »Männer von Klang, [...] als die besten Exemplare der schweizerischen Gesellschaft« (S. 49) ansieht, und »Angehörige einer fremden Gesandtschaft, die Wert darauf legt, unter keinen Umständen mit einer gewissen Klasse von Industriellen zusammen genannt zu werden« (S. 50). Es geht also, um es deutlich zu sagen, um Geschäfte, vielleicht um Waffengeschäfte: »Man verhandelt offiziell [...]. Aber man verhandelt noch mehr inoffiziell, und in Lamboing wird privat verhandelt. Es gibt schließlich in der modernen Industrie Verhandlungen, in die sich der Staat nicht einzumischen hat« (S. 51), sagt von Schwendi, der Schweizer Nationalrat. Der Verdacht, dass hier die Grenze der Legalität erreicht oder auch überschritten wird, dürfte berechtigt sein.

Schmied war also, als er sich Zugang zum Gesprächskreis von Gastmann verschaffte, auf einer erfolgversprechenden Spur, Beweise für Gastmanns Verbrechen zu finden. Er wurde Opfer seiner Bemühungen und Anstrengungen und konnte nicht ahnen, dass er nur Episode in einem viel größeren Drama war. Der Anfang dieses Dramas liegt zum Zeitpunkt von Schmieds Ermordung 40 Jahre zurück und fällt in die Zeit, als Bärlach Dienst in der Türkei tat.

5. Quellen und Kontexte

Elemente des Kriminalromans

Für den Kriminalroman und ebenso für den Detektivroman gibt es »einige Elemente, die sich fast immer [...] wiederfinden lassen. Es sind dies

(1) die Tat, zumeist ein Mord [...],

(2) der Täter, demzufolge meist ein Mörder,

(3) dessen Opfer, meist eine Leiche,

(4) die Tatumstände, die Tatzeit, Tatort, Tatzeugen, und

(5) das Motiv.«[7]

Zum Repertoire gehören außerdem

»(6) die – zumeist unschuldigen – Tatverdächtigen und deren

(7) Scheinmotive«, durch die meist falsche Spuren gelegt werden, und

(8) »[d]er entweder sehr scharfsinnige oder aber sehr tatkräftige, meist aber überaus individualistische und exzentrische [...] Detektiv«, der den Fall löst, während die »oft als sehr ungeschickt dargestellte [...] Polizei noch oder schon wieder im Dunkeln tappt«.[8]

In groben Zügen entspricht Dürrenmatts Roman dem, was von einem Kriminalroman erwartet wird. Das beweist, dass der Autor nicht nur ein eifriger und kenntnisreicher, sondern auch ein kritischer Leser von Kriminalromanen war.

7 Ott (s. Anm. 2), S. 219.
8 Ebd., S. 220.

Die Angleichung der Erzählung *Der Richter und sein Henker* an den Typ »Kriminalgeschichte«

Dürrenmatts Roman *Der Richter und sein Henker* ist eine Auseinandersetzung mit dem Genre des Kriminalromans: Die Erzählstrategien der klassischen Kriminalgeschichte werden teils übernommen, teils verändert.

Die Darstellung der Fälle

Mit dem Mord an dem Polizeileutnant Schmied beginnt der Roman *Der Richter und sein Henker*; die Ermordung Gastmanns und seiner Diener wird im viertletzten Kapitel erzählt. Die Selbsttötung des Polizisten Tschanz wird im letzten Kapitel lediglich erwähnt. Der Fall Schmied wird ausgiebig abgehandelt; die Hinrichtung von Gastmann durch Tschanz wird direkt und knapp berichtet. Es scheint am Ende so, als seien die Täter überführt, als sei die Gerechtigkeit in dieser Welt wiederhergestellt und als sei die Welt wieder in Ordnung.

Die Ermittler

Die Aufklärung der Untaten ist Aufgabe der Ermittler. Sie müssen die Fakten zusammentragen, die zur Erklärung der Tat, der genauen Umstände und der Motive des Täters notwendig sind. Sie bereiten die Anklage vor, die dann von einem ordentlichen Gericht behandelt und beurteilt werden soll.

Als Helfer der Justiz tun die Polizisten in Twann, Biel und Lamboing ihren Dienst, ohne Aufsehen zu erregen. Mehr Aufmerksamkeit beansprucht die Polizeibehörde in Bern. Dr. Lucius Lutz ist der von sich selbst überzeugte Chef, der mit seinen Erfahrungen, die er auf Dienstreisen gemacht hat, angibt und der an der Universität Vorlesungen hält. Die praktische Arbeit leitet der an der Pensionsgrenze stehende Kommissär Bärlach, der umfangreiche Berufserfahrungen einbringen kann, jetzt aber glaubhaft vorbringt, krank zu sein. Trotzdem beharrt er darauf, den »Fall Schmied« (S. 8) federführend zu behandeln. Er ist durchaus der »individualistische und exzentrische« Detektiv (s. o.), dem von vornherein die Sympathie des Lesers gehört.

Polizeileutnant Schmied war engster Mitarbeiter Bärlachs und als besonders tüchtig geschätzt. Das weckte den Neid des Polizisten Tschanz, der für sich selbst keine Beförderungschance sah, solange Schmied lebte. Dass Tschanz der Mörder Schmieds ist, wird dem Leser, der den jungen Polizisten zunächst für tatkräftig und hilfsbereit hält, nur langsam offenbart. Tschanz setzt seine ganze Energie einzig dazu ein, den Verdacht von sich abzulenken und die Verbindung zwischen seinem Kollegen Schmied und Gastmann zu belegen, um wiederum diesen zu belasten. Bärlach durchschaut die Situation, kann seine Vermutungen anfangs aber noch nicht beweisen.

Erst am Ende wird sich zeigen, dass Bärlach, der Alte, dem jungen Kollegen, aber auch seinem promovierten Vorgesetzten Dr. Lutz überlegen ist. Dass der Mörder gestellt und entlarvt wird, entspricht den Erwartungen des Lesers. Dass die Ranghöheren wie der Nationalrat von Schwendi und der Behördenleiter Dr. Lutz »im Dunkeln« tappen, ist nicht ungewöhnlich.

Die Leitfrage des kriminalistischen Erzählstrangs lautet: Wer ist der Mörder des Polizeileutnants Schmied? Dr. Lutz gegenüber versichert Bärlach: »[…] wir werden schon noch herausfinden, wer den Schmied getötet hat« (S. 14). Lutz, der natürlich auch daran interessiert ist, dass der Fall möglichst schnell gelöst wird, gibt Bärlach den Polizisten Tschanz, den er für einen »Mann [hält], der immer bemüht ist, kriminalistisch auf der Höhe zu bleiben« (S. 15), zur Unterstützung mit. Bärlach und Tschanz haben allerdings sehr unterschiedliche Interessen, die Untersuchung zu einem Ergebnis zu bringen.

Die kriminalistischen Methoden

Kommissär Bärlach gibt Lutz gegenüber zu, »irgendwen im Verdacht« (S. 14) zu haben, teilt seine Vermutung seinem Vorgesetzten aber nicht mit. Auch Tschanz gegenüber gesteht Bärlach, »einen bestimmten Verdacht« (S. 21) zu haben: Er habe eine »Idee, wer als Mörder in Betracht kommen könnte« (S. 22), leider sei das »nur eine Idee« (S. 22). Ihm fehlten noch »Beweise« (S. 22), er müsse noch warten, »bis die Indizien zum Vorschein gekommen sind, die seine« – also des Verdächtigen – »Verhaftung rechtfertigen« (S. 22). Auch Tschanz gegenüber gibt er also sein Wissen nicht preis. Tschanz möge eigenständig forschen und möglicherweise »den Richtigen« »auf eine einwandfreie, wissenschaftliche Weise« (S. 22) finden. Die Ironie ist deutlich: Tschanz soll sich selbst überführen und Bärlach die Beweise dazu liefern. Trotzdem stimmt Tschanz zu: »Gut, ich bin einverstanden« (S. 22).

Der Verdacht

Es bedarf stichhaltiger Beweise, um aus den Vermutungen und Verdächtigungen zu dem Mord an Schmied Thesen zu machen, die vor Gericht bestehen können. Bärlach und Tschanz gehen davon aus, dass das gesuchte Argumentationsmaterial bei den Unterlagen des getöteten Schmied zu finden sei. Ihr Interesse richtet sich auf eine Mappe, in der Schmied seine Aufzeichnungen aufbewahrt hat.

Der Schlüssel zur Lösung des Falles liegt also nach Ansicht der Ermittler bei den hinterlassenen Aufzeichnungen Schmieds. Noch am gleichen Morgen, an dem er über Schmieds Tod informiert wird, holt Bärlach sich die Mappe aus Schmieds Wohnung (S. 12), liest dann »aufmerksam in der Mappe blätternd« (S. 13), was Schmied recherchiert hat, und schließt »Schmieds Mappe sorgfältig in seinem Schreibtisch« (S. 13) ein. Später holt er die Mappe zu sich nach Hause, schließt sie in seinen eigenen Schreibtisch ein und nimmt den Schlüssel an sich. Er ahnt, dass Tschanz versuchen wird, in den Besitz der Mappe zu kommen. Einen entsprechenden Angriff kann er abwehren. Längst weiß der Leser, dass die Unterlagen, die in der Mappe aufbewahrt werden, auch der Schlüssel sein könnten, um Gastmann, den eigentlichen Konkurrenten Bärlachs, zu Fall zu bringen. Deshalb überrascht es nicht, dass auch Gastmann hohes Interesse hat, in den Besitz der Mappe zu kommen. Gastmann sagt am Ende eines langen Gesprächs: »In der Mappe sind die einzigen, wenn auch dürftigen Beweise, die Schmied in Lamboing für dich

■ Indizien: Die Mappe mit den möglichen Belegen

gesammelt hat. Ohne diese Mappe bist du verloren« (S. 72). Bärlach ist sich dessen bewusst. Gastmann nimmt die Mappe an sich; Bärlach hat sein großes Ziel, Gastmanns Untaten aufzudecken, zu beweisen und vor Gericht zu bringen, verfehlt. Bärlach überkommen Schmerz und Wut. »›Was ist der Mensch?‹ stöhnte er leise. ›Was ist der Mensch?‹« (S. 72).

Die Kontroverse: Über die Möglichkeit, Verbrechen aufzuklären

In diesem Augenblick müsste Bärlach einsehen, dass er die Wette, die er mit Gastmann eingegangen ist, nicht mehr gewinnen kann: Er kann mit den ihm zur Verfügung stehenden Methoden und Vermutungen die von Gastmann verübten Verbrechen nicht nachweisen und dessen Schuldhaftigkeit nicht beweisen. Ob Schmied bei seinen Nachforschungen zu Gastmann auf legale Weise operiert hat, ist schwer zu sagen und letztendlich nicht von Bedeutung. Er wurde ermordet – damit sind die Möglichkeiten des kranken Bärlach erschöpft. Gastmann darf sich vorläufig als Sieger fühlen.

Trotzdem geht die Auseinandersetzung zwischen Gastmann und Bärlach weiter. Die Wette, die vor Jahren in Konstantinopel eingegangen wurde, hat das Leben der Kontrahenten auch in jenen Zeitabschnitten bestimmt, in denen sie keinen persönlichen Kontakt hatten. Eine Zuspitzung erfolgte dann, als Gastmann seinen Wohnsitz wieder in der Schweiz nahm, als Bärlach von dessen Machenschaften erfuhr und als er die Chance sah, gegen Gastmann kriminalistisch vorzugehen, indem er ihn durch Polizeileutnant Schmied beobachten ließ. Als sich Bärlach seinem Ziel nahe glaubte, wurde Schmied erschossen. Es blieb die Mappe.

Die Ankündigung der Hinrichtung

■ Zuspitzung des Kampfes

Inzwischen hat auch Gastmann bemerkt, dass der alte Kampf in eine neue Phase geraten ist. Er verschafft sich Zugang zu Bärlachs Wohnung, bemächtigt sich der Mappe und droht: »Es ist das letzte Mal, daß ich mit dir rede, Bärlach [...]. Das nächste Mal werde ich dich töten, gesetzt, daß du deine Operation überstehst.« Bärlach antwortet darauf:

> »Du irrst dich [...]. Du wirst mich nicht töten. Ich bin der einzige, der dich kennt, und so bin ich auch der einzige, der dich richten kann. Ich habe dich gerichtet, Gastmann, ich habe dich zum Tode verurteilt. Du wirst den heutigen Tag nicht mehr überleben. Der Henker, den ich ausersehen habe, wird heute zu dir kommen. Er wird dich töten, denn das muß nun eben einmal in Gottes Namen getan werden.« (S. 100)

Dass Gastmann gegen Recht und Gesetz handelt, um den Kampf zu gewinnen und den Gegner auszuschalten, verwundert nicht und entspricht den Erwartungen des Lesers. Die Ankündigung Bärlachs – des Kommissärs – mit Gewalt durchzusetzen, was ihm legal nicht gelungen ist und was inzwischen aussichtslos scheint, überrascht jedoch.

Bärlachs neue Methoden

Er maßt sich die Rolle des Richters an, die ihm nicht zusteht; und er glaubt, seinen Mitarbeiter zum Henker machen zu dürfen, was ebenfalls seine Kompetenzen überschreitet und was ihn schuldig und den, der diesen Gastmann »töten« (S. 100) wird, zum Mörder macht. Bärlach verlässt mit dieser Ankündigung die Welt des Rechts und der Ordnung. Dass er glaubt, dies müsse »in Gottes Namen getan« (S. 100) werden, darf als blasphemisch zurückgewiesen werden.

Der Abschluss der Geschichte

Am Ende der Geschichte gibt es mehrere Leichen: Leutnant Schmied ist tot, ehe die Erzählung beginnt; im Laufe der Geschichte werden Gastmann und seine Diener auf der einen Seite und Tschanz auf der anderen ans Ende gebracht. Kommissär Bärlach wartet auf den Krankenwagen. Die Geschichte hat also kein gutes Ende, ist lediglich zu einem Abschluss gebracht worden.

Fraglich ist allerdings, ob der Fall gelöst ist. Gastmann ist zwar erledigt und vernichtet; aber nicht verurteilt und nicht bestraft. Die Morde, die Tschanz begangen hat, sind einzig Bärlach und dem Leser bekannt; sie sind weder aufgedeckt noch verurteilt, erst recht nicht gesühnt. Bärlach hat die Rechtsordnung verlassen, um seinen Gegner Gastmann zu erledigen. Damit ist das Übel beseitigt, aber der Fall noch längst nicht gelöst.

Ganz anderer Ansicht sind Dr. Lucius Lutz und Nationalrat von Schwendi: Sie sind sicher, dass Gastmann »Schmied ermorden ließ« (S. 107), dass Tschanz ein Opfer seines Berufs geworden sei, dass er aus »Notwehr« (S. 108) auf Gastmann und die Diener geschossen habe. Lutz hält den Fall Schmied für »abgeschlossen« (S. 108); er glaubt, »Tschanz befördern« (S. 108) zu müssen. Mit dieser Einschätzung liegen Lutz und von Schwendi eindeutig falsch.

Den ganzen Überblick haben – nach dem Tod von Tschanz – einzig Bärlach, der Autor und der Leser.

Motive des Untergangs und der Bedrohung

■ Sprachliche Bilder

Da Beschreibungen des Wetters im Laufe der Erzählung oft allegorischen Charakter haben, sind sie mehr als ein Stimmungsbild der Ereignisse. Das gilt schon für den Hinweis, dass »sich der Nebel« verfinsterte »und von der Sonne [...] nichts mehr zu sehen« (S. 6) war, als Clenin den Leichnam Schmieds nach Bern beförderte. Ergänzend heißt es: »Der Morgen wurde finster wie der letzte Tag.« Fast wie »ein Leichenzug« (S. 6) wirkt die Automobilkette, die Clenin anführt. Ausführlich wird dann die Beerdigung Schmieds auf dem Schloßhaldenfriedhof (S. 57) beschrieben, in dessen weihevolle Stille die Abgesandten Gastmanns einbrechen und ihr makabres Spiel mit Schmied und dem Tod veranstalten. Später geht Bärlach im Haus der Frau Schönler an einem großen Bild »in schwerem Goldrahmen« vorbei: »[...] es war die Toteninsel« (S. 10).

In der großen Auseinandersetzung zwischen Bärlach und Gastmann spielt Schmied nur eine Nebenrolle. Sein Part ist mit seinem Tod erledigt. Er wurde im »blauen Mercedes« (S. 5) tot aufgefunden. Der Mörder wird gesucht. Damit beginnt der Hauptteil der Aufklärungsarbeit. Tschanz hat »den blauen Charon« (S. 26) für seine Zwecke – ohne Erfolg umfunktioniert und das Gefährt mit dem Übernamen Charon, »ein Name aus der griechischen Sage« (S. 26), unbewusst zur Vordeutung seines eigenen Schicksals verwendet; denn »Charon fuhr die Toten in die Unterwelt hinüber« (S. 26). Tschanz kauft Schmieds Wagen – »irgendwem müßte ja jetzt der Wagen gehören« (S. 75) – und bindet sich so an das Geschick Schmieds. Auch er fährt bildlich Tod und Untergang entgegen.

Der »blaue Charon«

Wie Schmied ist auch Tschanz nur indirekt in die große Machtprobe verwickelt, die zwischen Bärlach und Gastmann abläuft. Im Mordfall Schmied agiert Bärlach hinsichtlich Tschanz besonders raffiniert: Er wählt ihn, den Mörder Schmieds, zu seinem Gehilfen bei der Aufklärung des Falles. Auf diese Weise bringt er Tschanz dazu, diejenigen Indizien zu liefern, die ihn schließlich selbst als Täter überführen. Bei der ersten Begegnung der beiden – nach dem Tod Schmieds – warnt Bärlach: »›Ich bin ein großer alter schwarzer Kater, der gern Mäuse frißt‹« (S. 21). Der Tiervergleich ist so zu verstehen, dass Tschanz als der Verfolgte, als das Objekt des etwas unheimlichen, angsteinflößenden Tiers gemeint ist. In dem Vergleich von Kater und Maus geht es nicht nur um die

»… ein schwarzer Kater«

Beziehung von Recht und Unrecht, sondern auch um das Verhältnis von Macht und Ohnmacht. Bärlach legt Wert darauf, diesen Vergleich »ganz ernsthaft« (S. 21) zu meinen und nicht nur als schmückende Ergänzung. Er ist der Kater, Tschanz die Maus.

Im Bann des Bösen

Wenig später stehen Bärlach und Tschanz in Lamboing vor dem Haus Gastmanns, das offensichtlich von einem Hund gut bewacht wird. Bärlach hatte »ein so riesenhaftes Wesen [...] noch nie gesehen« (S. 32): »Das Unvermutete der Begegnung, die Mächtigkeit des Tieres und das Seltsame der Erscheinung lähmten ihn« (S. 33). Er weiß: »So hatte ihn das Böse immer wieder in seinen Bann gezogen« (S. 33). Er entkommt dieser Situation – mit Hilfe von Tschanz. Er wird es jedoch nicht schaffen, das Böse zu besiegen. Die Begegnung mit dem Hund kann als Allegorie gedeutet werden: Dieser Hund, eine »Bestie von einer so grauenerregenden Art, daß Bärlach sich nicht rührte« (S. 33), steht für den Machtbereich Gastmanns und für das Böse, gegen das Bärlach vergebens angeht. Er entgeht zwar diesem »Ungeheuer« (S. 33). Doch er verlässt den Rechtsraum und wird selbst zum »Jäger« (S. 108), zum »Verbrecher« (S. 117), der den Gegner »vernichten« (S. 109) will.

Die Schlange als vergebliche Verteidigung

Als Waffe zur Verteidigung hat Bärlach, wie er Tschanz gegenüber erklärt, »eine große, eherne Schlange« (S. 24). Er hat diese Schlange aus Konstantinopel mitgebracht und warnt Tschanz mit dem Bibelzitat: »Seid klug wie die Schlangen« (S. 25). Die Schlange bewahrt er in seinem Haus; »neben die

Schlange legte« (S. 44) er – zur ergänzenden Sicherheit – einen Revolver. Doch dann wird bei Bärlach eingebrochen und das »Schlangenmesser« (S. 92) wird von Tschanz entwendet und auf Bärlach gerichtet. Dieser übersteht auch diesen Angriff, weiß aber, wer dahintersteckt: nämlich Tschanz, der später das »Messer aus der Wand« (S. 96) zieht und »immer noch das Schlangenmesser in der Hand« hält. Auf das Schlangenmesser ist also kein Verlass: Der Kommissär wird mit ihm erst von Gastmann (S. 70), später von Tschanz (S. 95) bedroht.

6. Interpretationsansätze

Der Erzähler und seine Erzählstrategie

Der Titel

Der Titel des Romans lässt zunächst an einen ordentlichen Gerichtsprozess denken, an dessen Ende ein Angeklagter einer besonders verabscheuenswürdigen Tat wegen schuldig gesprochen, dann zum Tode verurteilt und schließlich dem Scharfrichter übergeben wird. Sobald man jedoch auf der ersten Seite des Textes erfährt, dass das Verbrechen, das verübt, aber noch nicht aufgeklärt ist, im Jahr 1948 in der Schweiz geschehen sein soll, wird man kaum noch annehmen, auf einen tatsächlichen Henker zu stoßen.

Das Themenfeld

Trotzdem verweisen die Leitwörter »Richter« und »Henker« auf das Themenfeld, in dem es um Recht und Gerechtigkeit, um Verbrechen und Verurteilung, um Schuld und Strafe, manchmal auch um Sühne und Wiedergutmachung geht.

Der Fall und die Ermittlungsfragen

Ein Erzähler, der sich nicht näher vorstellt, informiert in den ersten Sätzen ohne irgendeine Vorrede über die Faktenlage eines Falls, der nach Aufklärung verlangt. Die Fragen, die sich aufdrängen, lauten: Wie ist Ulrich Schmied, der tot aufgefundene Polizeileutnant der Stadt Bern, umgekommen? Wer hat ihn – aus welchem Grund und mit welcher Absicht – umgebracht? Wo ist der Tatverdächtige zu finden und wie ist er dem Gericht zu überstellen? Aufklärung verlangt der Leser vom Erzähler, der ihn mit dem Fall vertraut gemacht hat. Der Erzähler des vorliegenden

Romans hält sich jedoch mit genaueren Erklärungen zurück: Er ist ein sogenannter persönlicher Erzähler.

Der personale Erzähler

Im Gegensatz zum Ich-Erzähler, der seine Geschichte selbst erlebt hat, und im Gegensatz zum auktorialen Erzähler, der mehr weiß als die Figuren, über die er berichtet, und der öfter mit eigenen Kommentaren zum Erzählten Stellung nimmt, bleibt der personale Erzähler im Hintergrund. Der personale Roman wird so zu »ein[em] erzählerlose[n] Roman in dem Sinn, daß der Leser hier nirgends Züge eines Erzählers ausmachen kann und daher auch gar nicht den Eindruck bekommt, als werde erzählt. Im personalen Roman wird gezeigt, vorgeführt, dargestellt«[9]. Der personale Erzähler will die Wirklichkeit zur Geltung bringen, nicht aber eine eigene Meinung vortragen oder gar durchsetzen. Damit fügt er sich in jene »naturalistischen und realistischen Programme« ein, »die größtmögliche Authentizität der dargestellten Welt forderten«[10].

Zeitangaben

Mit der Zeitangabe im ersten Satz – »am Morgen des dritten November neunzehnhundertachtundvierzig« (S. 5) – bietet der Erzähler direkt am Anfang einen Bezug zur Realität. Diese Angabe ist sachlich falsch – laut Kalendarium war der 3. November 1948 anders als im Roman ein Mittwoch –, erfüllt aber trotzdem die Forderung einer realistischen Zeitangabe; denn von jetzt an werden die vier Tage, die zur

9 Franz K. Stanzel, *Typische Formen des Romans*, Göttingen [11]1987, S. 40.
10 Ebd.

Aufdeckung des Mordes an Ulrich Schmied nötig sind, in genauer und nachvollziehbarer Weise eingeteilt, bis sich der als Mörder entlarvte Tschanz in der Nacht zum Dienstag selbst umbringt und der todkranke Bärlach erklärt, »jetzt sei Dienstag und man könne ihn operieren« (S. 118).

Ortsangaben

Zentrale Schauplätze der erzählten Geschichte sind die Schweizer Hauptstadt Bern und Orte um den Bielersee. Ein Blick auf die Generalkarte der Schweiz lässt zu dem Urteil kommen, dass auch hinsichtlich der Ortsangaben wirklichkeitsgetreu berichtet wird. Selbst Lamboing, der Wohnsitz Gastmanns, den sogar der Nationalrat von Schwendi für »einen unbekannten Ort« (S. 53) hält, ist auf einer Karte kleineren Maßstabs zu finden. Die beiden Routen, die von Bern nach Lamboing führen, kann man Ort für Ort nachfahren. Sogar Bärlachs Gänge und Fahrten durch Bern sind auf einem Stadtplan zu verfolgen.

Gestaltete Welt

Damit scheint *Der Richter und sein Henker* der Forderung, der Roman müsse Wirklichkeit reproduzieren, zu entsprechen. Trotzdem bietet auch der personale Roman dem Leser gestaltete, nicht abgebildete Wirklichkeit an. »Der Autor des personalen Romans«, heißt es, »konzipiert, wählt aus, ordnet, strukturiert die Elemente der dargestellten Welt vielleicht noch sorgfältiger als der Autor eines auktorialen Romans oder eines Ich-Romans, er lässt sich aber dabei immer von der Absicht leiten, diesen geordneten Dingen den Anschein zu verleihen, als wären sie ganz planlos und zufällig der Wirklichkeit entnommen, als hätte eine unsichtbare und unbestechliche Kamera diese Aufnahmen dem Leben, so wie es ist, abgelistet.«[11]

Für die Wirkung und den Erfolg eines Kriminalromans, vor allem in der Variation des Detektivromans, ist die »Erzählstrategie«[12], die der Autor dem personalen Erzähler an die Hand gibt, von besonderer Bedeutung. Meist strukturiert der Autor eines Detektivromans seine Geschichte so, dass er den Erzähler zuerst das Verbrechen, genauer: das Ergebnis der Verbrechenstat, mitteilen lässt. Danach lässt er ihn nach dem Täter und seinen möglichen Motiven suchen und legt langsam offen, wie der Täter gestellt und dem Gericht überantwortet wird. Indem das Geschehene schrittweise aufgedeckt wird, entsteht ein analytischer Roman – vergleichbar dem analytischen Drama, bei dem, anders als im Zieldrama, »die wesentlichen konfliktauslösenden Ereignisse bereits vor dem Einsetzen der Handlung geschehen und somit weder den handelnden Personen noch dem Publikum bekannt sind«[13].

■ Erzählstrategie

■ Analytischer Roman

Tatsächlich aber hat der Autor eines Werks den Plan zumindest in groben Zügen vor Augen, bevor er zu schreiben beginnt. Im Falle des Romans *Der Richter und sein Henker* hat auch der personale Erzähler von vornherein den Überblick über das Ganze und weiß um die entscheidenden Details: Indem er aus seinem

11 Stanzel (s. Anm. 9), S. 50.

12 *Schüler Duden. Die Literatur*, hrsg. von Gerhard Kwiatkowski, 2., überarb. und erg. Aufl., Mannheim/Wien/Zürich 1989, S. 24.

13 Ebd.

Wissensvorrat einiges preisgibt, einiges andeutet, anderes zurückhält, treibt er sein Spiel mit dem Leser. Kurz gesagt: »Am Anfang weiß der Erzähler schon alles, der Leser noch nichts. In dem gleichen Maß, in dem die Erzählung vom Anfang zu ihrem Ende fortschreitet, verwandelt sich für den Leser Unbekanntes in Bekanntes und verringert sich der Abstand zwischen Erzähler und Leser. Wenn die Erzählung ihr Ende erreicht hat, hat der Leser den Erzähler eingeholt. Der Leser weiß nun ebenfalls alles, was am Anfang nur der Erzähler wußte.«[14] Am Schluss durchschaut der Leser also das Spiel und stellt, rückwärts blickend, fest, dass der Erzähler ihm viele Hinweise gegeben hat, die sich aber erst am Ende in das Gesamtbild einfügen.

Der »Fall Schmied« und das Ganze

Der Erzähler der komplexen Geschichte vom Richter und seinem Henker präsentiert dem Leser zuerst die Leiche von Polizeileutnant Schmied und lässt ihn lange in dem Glauben, dass es einzig und allein um die Aufklärung dieses Mordes ginge. Erst sehr viel später – im 11. Kapitel – eröffnet er, dass mit der vierzig Jahre zuvor geschlossenen Wette des Kommissärs und einer Person, die sich neuerdings Gastmann nenne, noch eine Rechnung offensteht. Und erst als Tschanz Gastmann umgebracht hat, durchschaut der Leser vollends, wie Schmied in die Geschichte des Wettstreits zwischen Bärlach und Gastmann verwoben war und wie Tschanz in die Geschichte des Wett-

14 Richard Alewyn, zit. nach: Stanzel (s. Anm. 9), S. 36.

streits hineingezogen wurde. Restlos aufgeklärt ist die Geschichte erst, wenn alle drei Fälle, ihre Ursachen und Konsequenzen, als Einzeltaten und in ihrer Verwobenheit erklärt sind.

Zunächst steht jedoch der »Fall Schmied« (S. 8) im Mittelpunkt. Mit ihm ist Kommissär Bärlach beauftragt, der seinem Vorgesetzten Dr. Lucius Lutz rechenschaftspflichtig ist und dem Tschanz als »Stellvertreter in der Mordsache Schmied« (S. 15) beigegeben ist. Bärlach – das ist von Anfang an deutlich zu erkennen – hält alle Fäden in der Hand; er ist skeptisch und einsilbig, lässt sowohl seinen Vorgesetzten wie auch seinen Untergebenen im Dunkeln – und den Leser auch. Er gibt früh zu, einen »Verdacht« (S. 14, 21) zu haben, behauptet später in anderem Zusammenhang »ich weiß, wer es gewesen ist« (S. 97), behält aber auch in dem Fall sein Wissen für sich, bis er am Schluss – im vorletzten Kapitel – Tschanz auf den Kopf zusagt: »Du bist Schmieds Mörder« (S. 112) und: Du hast »mich in der Nacht vom Samstag auf Sonntag überfallen« (S. 116). Doch wird er die von Tschanz eingestandenen Tatsachen weder seinem Chef noch seiner Behörde, noch dem Gericht weiterleiten.

■ Vorgehensweise Bärlachs

Im Rückblick wird dem Leser klar, dass Bärlach bereits am ersten Ermittlungstag, noch ehe er Tschanz als seinen Stellvertreter anforderte, die entscheidenden Indizien, die zum Täter führen, und die Motive, die seine Tat verständlich machen würden, zusammenhatte. Am Tatort hatte er »etwas Hartes« (S. 16), nämlich eine »Revolverkugel« (S. 17) gefunden, und

■ Der Rückblick des Lesers

aus Schmieds Wohnung »eine Mappe, die auf dem Schreibtisch lag« (S. 12), mitgenommen. Die Kugel, die aus einem »Armeerevolver« (S. 19) stammt, und die Mappe, die offensichtlich behördlich wichtige Dokumente enthält, lassen Bärlach schließen, dass der Tatverdächtige innerhalb der Polizeibehörde zu suchen sei. Damit fällt sein Verdacht auf Tschanz, der zu dieser Zeit ein paar Tage »Ferien im Berner Oberland« (S. 15) macht, gerade dadurch aber verdächtig ist und nun in die Untersuchung eingebunden wird, an deren Ende ihn Bärlach als Mörder überführt.

Die Bedeutung der Mappe

Dass die Mappe die »einzigen, wenn auch dürftigen Beweise« (S. 72) für einige Vergehen Gastmanns enthält, erfährt der Leser erst am Ende des 11. Kapitels. Erst dann kann er ermessen, warum Bärlach die Mappe sicherstellte, noch bevor er zum Tatort fuhr. Verständlich wird, warum er sich »in die Mappe vertieft« (S. 18), sie nach der Unterredung mit Tschanz »im Schreibtisch« verschließt und »den Schlüssel an sich [nimmt]« (S. 23). Er konnte in diesem Augenblick schon sicher sein, dass Tschanz von der Existenz der Mappe wusste und dass er versuchen würde, sich in ihren Besitz zu bringen; denn auch Tschanz hatte über Frau Schönler an die Mappe kommen wollen (S. 75). Die Mappe hat also, wie man rückwärts erkennt, insofern eine doppelte Funktion, als sie die Beweise enthält, durch die Gastmann rechtmäßig hätte gestellt werden können, und gleichzeitig ursächlich auf das Motiv verweist, durch das Tschanz zum Mörder an Schmied wurde. Denn Tschanz war »durch Zufall [...]

die Mappe mit den Dokumenten« in die Hände gefallen, die Schmied gesammelt hatte; er beschloss deshalb, »Schmied zu töten, um einmal selber Erfolg zu haben« (S. 114). Gastmann hingegen weiß, dass Bärlach mit der Mappe belastendes Material in Händen hat, von dem für ihn Gefahr ausgeht. Deshalb bringt er sich mit Gewalt in den Besitz der Mappe. Diese wird nach dem Schusswechsel, bei dem Gastmann umkommt, in dessen Haus gefunden. Dr. Lutz erläutert daraufhin dem Nationalrat, dass diese »Mappe [...] Schmied gehörte«, dass dieser als »Privatperson« versuchte, »Gastmann zu stellen«, und dass deshalb »Gastmann [...] Schmied ermorden ließ« (S. 107). Die wahren Zusammenhänge werden durch diese Schlussfolgerung verkannt: Gastmann wird in falscher Weise verdächtigt; die Mordtaten von Tschanz bleiben der Behörde verborgen. Den genauen Durchblick haben nur Bärlach, der Erzähler und der Leser.

Bärlach hatte die Weigerung, den zu nennen, den er als Schmieds Mörder in Verdacht hat, Tschanz gegenüber damit begründet, dass dies »nur eine Idee« sei, die sich als falsch erweisen könne; er setze darauf, dass der, der »es gewesen ist, [die Beweise] noch liefern« werde; er warte also, »bis die Indizien zum Vorschein gekommen« seien, »die seine Verhaftung rechtfertigen« (S. 22). Aus dem Rückblick wird deutlich, dass Bärlach keineswegs annimmt, der Fall kläre sich von selbst, dass er vielmehr höchst aktiv die Lösung vorantreibt. Schon die Tatsache, dass er Tschanz aus den Ferien holen lässt und zu seinem Stellvertre-

Bärlachs Grundsatz und sein Vorgehen

ter macht, ist ein erster genau kalkulierter Zug. Indem er von Schmied sagt, er sei »der begabteste« (S. 19) der Berner Polizeimänner gewesen, der eine »große Zukunft« (S. 26) vor sich gehabt habe, dass Schmied für Bärlach »der beste Kriminalist« war, »den ich je gekannt habe« (S. 86), provoziert er den ehrgeizigen Tschanz. Bärlach zeigt Tschanz die zufällig gefundene »Kugel« (S. 19) und lässt sich von ihm genau konstruieren, aus welcher Position und unter welchen Umständen der Mörder auf Schmied geschossen habe. Später, als er Tschanz überführt, braucht er keine langen Erklärungen abzugeben. Er kann ihn darauf aufmerksam machen, dass er seine »Tat schon lange bewiesen«, dass er die »Indizien« (S. 113) herbeigeschafft, dass er den genauen Tathergang »ja selbst erzählt« (S. 114) habe. Da endlich begreift Tschanz, dass »er in eine heimtückische Falle geraten« (S. 112) war.

■ Bärlachs Verstellungen

Es war geheuchelt, als Bärlach so tat, als wisse er nicht, was »Schmied mit einem Gesellschaftsanzug in der Twannbachschlucht« (S. 20) wollte. Es war gelogen, als Bärlach sagte, er wisse weder von Schmieds »Reise« noch von einem »Motiv, das seine Reise [...] wahrscheinlich machen würde« (S. 19). Er log, als er sagte, er habe in Schmieds Wohnung »nichts gefunden« (S. 23). Als Tschanz dann erfuhr, dass Bärlach die Mappe aus Schmieds Wohnung mitgenommen hatte, erklärt dieser wahrheitswidrig, sie habe »[n]ichts Amtliches« enthalten, sei »nur Privatsache« (S. 75).

■ Bärlachs Fallen

Bärlach verführt Tschanz, der alles daransetzt, in den Besitz der Mappe zu kommen, zum Einbruch in seine Wohnung, wenn er ihm sagt, »die Haustüre« sei »nie geschlossen« (S. 25). Als dann Tschanz nach erfolglosem Einbruch und Überfall noch einmal in Bärlachs Wohnung eindringen will, war »die Haustüre [...] jetzt verschlossen« (S. 98). Bärlach erkennt den Einbrecher und erhält damit einen weiteren Beweis dafür, »wer es gewesen ist« (S. 97). Er hat Tschanz in der Hand.

Den entscheidenden Beweis hat Tschanz jedoch schon vorher gegeben, als er an jenem Abend am Tatort so reagierte wie Schmied, indem er auf »ein Zeichen, der Wagen solle anhalten«, »unwillkürlich« stoppte, »die rechte Wagentüre« (S. 43) öffnete und zu spät erkannte, »daß es Bärlach war« (S. 43), der die Mordszene nachzuspielen veranlasst hatte. Tschanz muss erkennen, dass der Kommissär ihn von diesem Augenblick an für überführt und verurteilt hält und dass dies dadurch zum Ausdruck kommt, »daß ihn der Alte duzte« (S. 43).

Das indirekte Eingeständnis des Tatmotivs

In der nachgespielten Szene zeigt Tschanz, wie der Mord geschah; in einem späteren Gespräch mit Bärlach gibt er das Motiv preis: Er sieht in dem »Fall Schmied« (S. 8) eine »Chance«, eine »einmalige Gelegenheit hinaufzukommen«, während er bisher »übergangen, mißachtet, als letzte[r] Dreck benutzt« worden sei und »im Schatten dessen gestanden« habe, »der nun ermordet worden« sei (S. 86). Noch glaubt er, sein Ziel dadurch erreichen zu können, dass er den Mord Gastmann zuspricht und eine Indizienkette herstellt, die das beweisen soll; noch weiß er nicht, dass er, seine Tat und auch die Bemühungen, eine falsche Spur zu Gastmann zu legen, von Bärlach längst durchschaut sind.

Endgültig fällt das von Tschanz hergestellte falsche Indiziengebäude zusammen, als Bärlach – angeblich aus Gesundheitsgründen – nach Grindelwald fährt und dort in der Pension Eiger, aus der Tschanz nach Bern gerufen worden war, einen »blauen Mercedes« vorfindet, mit dem Tschanz Bärlach »die Komödie mit dem ›blauen Charon‹« vorgespielt hat (S. 113). Der Beweis ist jetzt lückenlos: Bärlach kennt den Täter, den Tathergang, das Tatmotiv und auch die verzweifelten Versuche des Täters, die Tat auf einen anderen abzuwälzen.

Aufdecken der Komödie

Dennoch schließt Bärlachs Satz »Der Fall Schmied ist erledigt« (S. 117) den Roman nicht ab. Bärlach weiß – im Gegensatz zu Lutz und von Schwendi –, dass Tschanz zum Mörder an Gastmann wurde und dass er selbst Tschanz zu dieser Tat getrieben hat. Er offenbart Tschanz: »Alles was ich tat, geschah mit der Absicht, dich in äußerste Verzweiflung zu treiben« (S. 116). Und Tschanz erkennt: »Dann waren Sie der Richter, und ich der Henker« (S. 117). Der Fall Schmied ist für Bärlach nicht mehr als ein einzelner Akt in einem sehr viel größeren Drama.

»Richter« und »Henker«

Eine Wette am Bosporus und die Folgen

Das zentrale 11. Kapitel

In der Mitte des Romans, im 11. Kapitel, treffen Kommissär Bärlach und der des Mordes verdächtige Gastmann zusammen und setzen zu einer Bestandsaufnahme an, die weit über den Rahmen dessen hinausgeht, was durch den Fall Schmied vorgegeben ist.

Bärlach und Gastmann

Nur im ersten Augenblick ist Bärlach überrascht, diesen »Gastmann« in seiner Wohnung vorzufinden, »in Schmieds Mappe« blätternd und »mit Bärlachs türkischem Messer« (S. 64) in der Hand. Bärlach, so wird deutlich, kennt diesen Mann, der bei ihm eingedrungen ist und sich Gastmann nennt; und Gastmann weiß über Bärlach, seinen Gesundheitszustand und seine Ermittlungen genau Bescheid. »Du hast mir den Jungen auf den Hals geschickt« (S. 64), wirft er Bärlach vor und meint damit den ermordeten Schmied, der sich in Bärlachs Auftrag Zugang zu Gastmanns Veranstaltungen verschaffte und seine Beobachtungen »[i]n der Mappe […] gesammelt hat[te]« (S. 72), in der Bärlachs »Angaben« (S. 64) auf Ergänzungen warteten. Der Fall Schmied gibt sich so als Glied einer Kette zu verstehen, von der bis zu diesem Augenblick nur Teilstücke gezeigt wurden.

Rückblick

Bärlach und der jetzt in Lamboing wohnhafte Gastmann lernten sich »vierzig Jahre« zuvor »in irgendeiner verfallenden Judenschenke am Bosporus« kennen, tranken, wie sich Gastmann erinnert, »die verteufelten Schnäpse« (S. 65), gerieten in ein hitziges Gespräch, das zur Diskussion wurde, als gegensätzliche Standpunkte zutage traten und aufeinanderprallten. Bärlach war damals als »junger Polizeifachmann aus der Schweiz« in die Türkei bestellt worden, »um etwas zu reformieren« (S. 65); Gastmann war, wie er selbstrückblickend eingesteht, »ein herumgetriebener Abenteurer [...], gierig, dieses mein einmaliges Leben und diesen ebenso einmaligen, rätselhaften Planeten kennenzulernen« (S. 65). Bärlach hatte also einen fest umschriebenen Auftrag und einen verantwortungsvollen Beruf, in dem er Erfolg und Anerkennung suchte. Gastmann war frei, genoss das Leben und hatte keine bestimmten Ziele. Er hatte sich »dreizehnjährig« aus der Schweiz »fortgestohlen« (S. 70). Es gab – bis auf die Sprache – kaum etwas, das ihn mit Bärlach verbunden hätte; trotzdem: »Wir liebten uns auf den ersten Blick« (S. 65).

Die Diskussion, die sich »im Moder jener Schenke« zwischen den beiden, deren »Augen wie glühende Kohlen [...] funkelten« (S. 65), entwickelte, entsprach zunächst den Regeln, die für dieses Sprachspiel gelten: Die Diskutanten stellten entgegengesetzte Thesen auf, deren Voraussetzungen sie benannten und deren Konsequenzen genau bedacht waren. Die These des Polizeifachmanns Bärlach lautete: »Verbrechen zu begehen« ist »eine Dummheit«, weil »die meisten Verbrechen zwangsläufig zutage« (S. 67) gefördert würden. Grund sei die Tatsache, dass, bedingt durch »die menschliche Unvollkommenheit« (S. 65), die Handlungsweise anderer sich nie mit Sicherheit voraussagen lasse und dass der »Zufall, der in alles hin-

■ Bärlachs These: Jedes Verbrechen wird bestraft

einspielt« (S. 66), nie im Vorhinein einzukalkulieren sei. Verbrechen würden also – so die Konsequenz – aufgedeckt und bestraft. Perfekte Verbrechen seien deshalb nicht möglich, weil sich mit Menschen nicht »wie mit Schachfiguren [...] operieren« (S. 67) lasse.

Gastmanns Gegenthese: Es gibt ungesühnte Verbrechen

Gastmann stellte damals die Gegenthese auf: Es ist durchaus möglich, »Verbrechen zu begehen, die *nicht* erkannt werden könnten« (S. 67). Grund: Die »Verworrenheit der menschlichen Beziehungen« (S. 67) sei so groß, dass man nicht alle Zusammenhänge des Denkens und Handelns durchschauen könne. Folge: »die überaus größte Anzahl der Verbrechen« bleibe »nicht nur ungeahndet, sondern auch ungeahnt« (S. 67).

Beiden Diskutanten gingen die Argumente aus, als sie »nun weiterstritten« (S. 67). Statt den Diskurs weiterzuführen, schlossen sie eine Wette ab. Inhalt der Wette war das im Diskurs verhandelte Problem: Kommen die meisten Verbrechen »zwangsläufig zutage« oder bleibt die »größte Anzahl [...] nicht nur ungeahndet, sondern auch ungeahnt« (S. 67)? Gastmann wettete damals, in Bärlachs »Gegenwart ein Verbrechen zu begehen«, ohne dass Bärlach imstande sein würde, ihm »dieses Verbrechen beweisen zu können« (S. 67–69).

Die Wette

Dem theoretischen Diskurs folgte die praktische Überprüfung in der Form eines Experiments. Ein materieller Preis war, anders als bei sonst üblichen Wetten, nicht vereinbart worden. Es ging um mehr: Die Kontrahenten setzten ihre Lebenskonzepte aufs Spiel, ihre Welt- und Lebensanschauung. Nachträglich erkennen sie, dass diese Wette – »im Übermut [...] geschlossen« – »als eine teuflische Versuchung des Geistes durch den Geist« (S. 67) angesehen werden muss. Diese »*eine* Nacht« – so wissen beide – »kettete uns für ewig zusammen« (S. 70). Gastmann gibt vor, gern »an diese Stunde zu denken, die dein Leben und das meine bestimmte« (S. 65). Bärlach sieht das anders: Er hätte nie gedacht, dass es irgendeinem Menschen in nüchternem Zustand und im vollen Bewusstsein des damit verbundenen Risikos »möglich wäre« »diese Wette einzuhalten« (S. 67).

Das Experiment

Gastmann dagegen nahm die Wette ernst, bereitete das Experiment von seiner Seite aus sorgfältig vor, stieß drei Tage später einen »deutschen Kaufmann« von der »Mahmut-Brücke« vor Bärlachs Augen »ins Wasser« (S. 69), beging damit einen Mord, den Bärlach, um die Wette zu gewinnen, nachweisen musste. Bärlach ließ Gastmann »verhaften«, vor »Gericht« stellen, doch er konnte »nichts beweisen« (S. 69). Gastmann war auf der Gewinnerstraße, Bärlach jedoch gab nicht auf. Das sehr ernsthafte Spiel wurde fortgesetzt: Bärlach wurde im Laufe der Zeit ein »immer besserer Kriminalist« (S. 69). Doch Gastmann hielt zeitlebens seinen Vorsprung: Er beging »immer kühnere, wildere, blasphemischere Verbrechen« (S. 69), doch nie war Bärlach »imstande«, Gastmanns »Taten zu beweisen« (S. 70).

Die vorläufige Bilanz

Vierzig Jahre nach Abschluss der Wette sieht die Bilanz so aus, dass sich Gastmann, der »Abenteurer« (S. 65), der skrupellos Verbrechen beging, die weder geahndet noch geahnt (S. 67) wurden, als Sieger fühlen darf und seinem Gegner rät, »das Spiel aufzugeben« (S. 99), während Bärlach, der »brav« (S. 70) seinen Amtspflichten nachkam und dessen »Biederkeit« (S. 67) nie in Frage stand, als Verlierer gelten muss. Da aber geht der Wettstreit in die letzte Runde: Bärlach, der noch ein »Jahr« (S. 65) zu leben hat, sagt Gastmann ein letztes Mal den Kampf an. »Das ist mein Beruf« (S. 98), begründet er sein Handeln.

Was den beiden damals in Konstantinopel zunächst als eine in sich abgeschlossene, im Übermut begonnene und dann zu verdrängende Episode vorgekommen sein mag, wurde bestimmend für ihr ganzes Leben.

In der ersten Charakterisierung Bärlachs wird knapp erwähnt, dass er sich »in Konstantinopel [...] als bekannter Kriminalist hervorgetan« (S. 8) habe. Später beruft er sich auf »zehn Jahre in türkischen Diensten« (S. 13), um einige seiner Eigenarten zu rechtfertigen. Von besonderer, symbolträchtiger Bedeutung erweist sich dann die »große, eherne Schlange« (S. 24). Sie kann als Symbol ständiger Bedrohung angesehen werden. »Mit der bin ich einmal fast getötet worden« (S. 25), erklärt Bärlach Tschanz gegenüber – vielleicht, um ihn zu versuchen. Diese Schlange, später genauer als »Schlangenmesser« (S. 92, 94) charakterisiert, die ständig auf Bärlachs Schreibtisch in seiner Wohnung liegt (S. 44), hält Gastmann während der Unterredung über die gemeinsame Vergangenheit in seiner Rechten und wirft mit dem Messer auf seinen Geg-

Das »Schlangenmesser«-Symbol

ner, nicht um ihn zu töten, sondern, »Bärlachs Wange streifend« (S. 70), um Macht zu zeigen und Gewalt anzudrohen. Später ist es Tschanz, der das »Schlangenmesser« (S. 92) von Bärlachs Schreibtisch nimmt, um »ihn zu töten« (S. 94). »[D]ie tödliche Schlange«, heißt es, »das Messer, das sein Herz suchte« (S. 94), erreicht nicht ihr Ziel. Aber Bärlach weiß, dass es in diesem Kampf um Leben und Tod geht.

Tatsächlich hat dieser Kampf schon begonnen: Bärlach hatte den kompetenten Polizeileutnant Schmied in der Hoffnung auf Gastmann angesetzt, endlich die nötigen Beweise für begangene Verbrechen zu erhalten. Nun aber ist Schmied tot und die Mappe mit den »dürftigen Beweise[n], die Schmied [...] gesammelt hat« (S. 72), nimmt Gastmann mit. In dem großen Wettstreit zwischen Bärlach und Gastmann ist der Mord an Schmied lediglich eine Episode, durch die die Situation der beiden Gegner verschärft wird: Gastmann, der die Anstrengungen Bärlachs kennt, muss fürchten, für den Mörder Schmieds gehalten zu werden; Bärlach hat in Schmied seine »letzte Hoffnung«, »Gastmann zu stellen« (S. 116), verloren. Noch ist Gastmann einen Schritt voraus; deshalb weiß Bärlach: »[I]ch kann mich jetzt nicht operieren lassen, ich muß mich stellen. Meine letzte Gelegenheit« (S. 65).

Die letzte Phase des Wettstreits

Am Ende des vierzigjährigen Wettstreits führt der Fall Schmied die Konkurrenten Bärlach und Gastmann noch einmal persönlich zusammen und zwingt sie zu handeln.

Richter und Henker

Als Kommissär Bärlach seine »einzige Chance vernichtet« sieht und trotzdem Gastmann, »den Teufel in Menschengestalt« (S. 116), noch stellen will, benutzt er Tschanz, der ihm als »Stellvertreter in der Mordsache Schmied« (S. 15) beigegeben ist und von dem er früh vermutet hat, dass er »Schmieds Mörder« (S. 112) ist, als Mittel zur Erreichung seines Zwecks und verwandelt ihn in seine »furchtbarste Waffe« (S. 116). Indem er Tschanz dazu bringt, Gastmann zu erschießen, kommt Bärlach, wie er meint, doch noch an sein lang verfolgtes Ziel. Er vernichtet seinen Gegner und lässt ihn damit für seine Verbrechen sühnen – doch kann sich Bärlach eigentlich nicht als Sieger der Wette ansehen: Denn die Verbrechen, die Gastmann wirklich begangen hat, bleiben ungeahndet und ungeahnt.

■ Tschanz als Waffe Bärlachs

Bärlach wirft sich zum Richter über Gastmann auf und lässt ihn hinrichten. »Dann waren Sie der Richter, und ich der Henker« (S. 117), erkennt Tschanz rückblickend. »Es ist so« (S. 117), bestätigt Bärlach.

Das Wort Richter ist abgeleitet vom Verb *richten*, das in der Grundbedeutung ›gerade machen‹ und ›in eine gerade oder senkrechte Richtung, Lage, Stellung bringen‹ meint, im übertragenen Sinne auch ›aufrichten‹ und ›errichten‹. Ferner wird *richten* im Sinne von ›recht oder richtig machen, in Ordnung bringen‹ gebraucht. Schließlich bedeutet *richten*: ›Recht sprechen, urteilen; verurteilen‹, zugespitzt ›zum Tode verurteilen, das Todesurteil vollstrecken‹, also ›hin-

■ Richter, Recht, Gericht

richten‹.[15] Im modernen Staat ist der Richter ein Staatsbeamter, der im Rahmen einer gesetzlich bestimmten Gerichtsverfassung die richterliche Gewalt unabhängig, allein dem Gesetz unterworfen, ausübt. Bei der Ausführung der Gerichtsurteile steht der richterlichen Gewalt die Exekutivgewalt – etwa in der Gestalt des Gerichtsvollziehers – zur Seite.

■ Henker

Das Wort Henker, das wohl nur noch in der Wortzusammensetzung »Henkersmahlzeit« gebräuchlich ist, wurde vom Verb *henken*, d. h. ›hängen machen, (auf)hängen‹ abgeleitet und hatte schon im Mittelalter die Bedeutung ›am Galgen aufhängen, durch den Strang hinrichten‹[16]. Der Henker oder auch Scharfrichter führt das von einem ordentlichen Gericht gefällte Todesurteil aus. Mit der Abschaffung der Todesstrafe in Deutschland entfiel hier dieses Amt, das dem Ausführenden nie zur Ehre gereicht hatte.

■ Bärlachs Richterspruch

Bei der letzten persönlichen Begegnung kündigt Bärlach seinem Widersacher Gastmann an: Er habe den »Henker […] ausersehen«, der »heute zu dir kommen« wird; denn ihm, Bärlach, stehe es zu, ihn zu »richten«: »Ich habe dich gerichtet, Gastmann, ich habe dich zum Tode verurteilt« (S. 100). Daraufhin »zuckte [Gastmann] zusammen«, ist »verwundert«, weiß die Botschaft nicht zu deuten und ruft dem in den Bahnhof enteilenden Bärlach hinterher: »›Du

15 *Der große Duden*, hrsg. von Paul Grebe, Bd. 7: *Etymologie*, Mannheim/Wien/Zürich 1963, S. 569.

16 *Duden.de* (duden.de/rechtschreibung/henken; Stand: 31.10.2019).

Narr!‹« (S. 100). Doch Bärlach gilt zwar als brav und bieder, ist aber nicht der Narr, für den ihn Gastmann hält, sondern eher der »Schachspieler« (S. 114), der seine Züge genau geplant hat, vielleicht »ein gefährlicherer Bursche« (S. 100) als Gastmann angenommen hat, vor dem er sich nach dessen Ankündigung tatsächlich »vorsehen« (S. 100) müsste. Da er Bärlach aber in letzter Konsequenz falsch einschätzt, stirbt er durch die Kugel von Tschanz.

Bärlachs Resümee

Als Bärlach dann zwei Tage später vor der Leiche Gastmanns steht, legt »sein Geist den Weg durch die geheimnisvollen Gänge des Labyrinths zurück, das beider Leben war« (S. 109). Ihm ist am Schluss gelungen, »den zu vernichten« (S. 109), den er jahrelang verfolgt hat. Dennoch kann er sich nicht als Sieger fühlen. Er ahnt, »daß sich nun das Leben *beider* zu Ende gespielt hatte« (S. 108). Er kann nichts ungeschehen machen; ihm bleibt nichts »als eine demütige Bitte um Vergessen, die einzige Gnade, die ein Herz besänftigen kann, das ein wütendes Feuer verzehrt« (S. 109). Ihm ist noch »keine Ruhe wie dem andern« (S. 109) gegeben. Er wartet auf den »Richter, dessen Urteil das Schweigen ist« – nämlich »die Unermeßlichkeit des Todes« (S. 109). Der »Bitte um Vergessen« entspricht das »Schweigen des Todes« (S. 109). Längst hatte Bärlach eingesehen, dass jene Wette in Konstantinopel verhängnisvoll war. Er erklärt Gastmann gegenüber: »Du bist in jener Nacht in der Türkei schuldig geworden, weil du die Wette geboten hast, Gastmann, und ich, weil ich sie angenommen habe« (S. 99).

Nicht mit der Diskussion, wohl aber mit der Wette, erst recht mit dem Experiment, das sie ein Leben lang betreiben, machen sie sich schuldig.

■ Gastmanns und Bärlachs Schuld

Gastmann hat vorsätzlich und in vollem Bewusstsein des Unrechtmäßigen seiner Tat jenen Mord an dem »deutschen Kaufmann« begangen, wurde so zum »Verbrecher« (S. 69), verübte immer »kühnere [...] Verbrechen«, sagte sich los von gesetzlichen und moralischen Verbindlichkeiten, lebte, »aus Übermut das Gute übend, wenn ich Lust dazu hatte, und wieder aus einer anderen Laune heraus das Schlechte liebend« (S. 70). Das Leben ist für ihn »ein abenteuerlicher Spaß« (S. 70); aus der Sicht des Schriftstellers ist er ein »Nihilist«, weil er »das Gute ebenso aus einer Laune, aus einem Einfall tut wie das Schlechte« (S. 82).

■ Gastmann: Missachtung der gesellschaftlichen Ordnung

Gastmann fühlt sich für nichts und niemanden verantwortlich, hat kein diesseitiges, erst recht kein auf ein Jenseits gerichtetes Lebensziel, missachtet alle Normen und lebt nur nach »seiner Freiheit: der Freiheit des Nichts« (S. 83). Gemessen an dem Maßstab der menschlichen Gesellschaft, die sich eine Ordnung gegeben hat, ist er ein Verbrecher.

Bärlach dagegen setzt sich für die Geltung der rechtlichen Ordnung ein und fühlt sich verpflichtet, Verbrecher zu stellen und dem Gericht zu überantworten. Dass er dabei den Polizeileutnant beauftragt,

■ Bärlach: Überschreitung der rechtlichen Ordnung

Gastmann zu beschatten, verträgt sich mit seiner Position als Kommissär. Dagegen überschreitet er eindeutig seine Kompetenz, wenn er sich zum Richter über das Leben Gastmanns macht und wenn er seinen

Mitarbeiter in die Rolle des Henkers zwingt. Seit Schmied tot ist, versteht sich Bärlach als »Kater, der gern Mäuse frißt« (S. 21). Ihm geht es nicht mehr darum, durch sorgfältige Recherchen Gastmann als Verbrecher zu überführen und dem Gericht und einer angemessenen Strafe zu überantworten; sein einziges Ziel ist jetzt, seinen Gegner zu vernichten.

Die Schlussphase der Auseinandersetzung zwischen Bärlach und Gastmann gestaltet sich als ein Kampf auf Leben und Tod. Dieser beginnt, als Bärlach vor Gastmanns Haus von jener »Bestie« (S. 33) angefallen wird, die ihn erstarren lässt. Dieses Tier, »ein entfesseltes Ungeheuer an Kraft und Mordlust« (S. 33), reißt ihn nieder. In genau diesem Tier, das im Sinne des Hausherrn abgerichtet zu sein scheint, sieht Bärlach ein Abbild des Bösen: »So hatte ihn das Böse immer wieder in seinen Bann gezogen, das große Rätsel, das zu lösen ihn immer wieder aufs neue verlockte« (S. 33). Die Mittel, die ihm als Kriminalisten laut Recht und Gesetz zustanden, haben in Bezug auf Gastmann nicht ausgereicht, das Böse zu besiegen und die rechtliche Ordnung wiederherzustellen. Der Angriff des Tieres »schien ihm […] natürlich und in die Gesetze dieser Welt eingeordnet« (S. 33). Diesem Bösen – so die Folgerung – ist nicht mit Verstand und Vernunft beizukommen, sondern nur mit jenen Mitteln, mit denen »der Jäger […] das Wild […] erledigt« (S. 108) oder mit denen der »Kater« (S. 21) Mäuse fängt. Deshalb hat er Tschanz »und Gastmann aufeinandergehetzt wie Tiere« (S. 116), und deshalb trium-

Der Kampf mit dem »Bösen«

Der »Jäger« und das »Wild«

Abb. 5: Kommissär Bärlach und die »Bestie«. – Dürrenmatt, Friedrich: *Der Richter und sein Henker. Comic auf der Grundlage des Romans*, Städtisches Literaturgymnasium Bern-Neufeld, Zytglogge Verlag, Erstausgabe 1988, [6]2003.

phiert er wie »ein Tiger, der mit seinem Opfer spielt« (S. 113), als er Tschanz erklärt, wie er ihn in die Falle gelockt und für seine Zwecke benutzt hat. Die letzte Phase der Auseinandersetzung zwischen Bärlach und Gastmann findet im Bildbereich eines Tierkampfes statt.

Welches Bild setzt sich im Kopf des Lesers zusammen, wenn er ans Ende gekommen ist? Dr. Lutz und Nationalrat von Schwendi, Spitzenvertreter des Staates, halten Gastmann für Schmieds Mörder und glauben, dass Tschanz aus Notwehr, d. h. rechtmäßig, auf

Gastmann geschossen habe. In beiden Fällen irren sie. Dass Bärlach dem Mörder Schmieds so schnell auf die Spur kommt, verdankt er weitgehend dem »Zufall« (S. 17), dass er nämlich am Tatort die Revolverkugel findet. Er überstellt Tschanz, den Mörder, nicht, wie es seines Amtes ist, dem Gericht, sondern missbraucht ihn für seinen Kampf gegen Gastmann, macht ihn ein weiteres Mal zum Mörder. Dann überlässt er ihn dem eigenen Gewissen und treibt ihn in den Selbstmord. Gastmann ist tot, doch keines seiner Verbrechen ist geahndet. Bärlach ist sich bewusst, unrechtmäßig gegen Tschanz und Gastmann vorgegangen zu sein; er fühlt sich nicht nur der Wette wegen schuldig, sondern auch dadurch, »daß ich *einen* richtete« (S. 117). Doch er stellt sich weder polizeilichen noch richterlichen Untersuchungen, sondern zieht sich – »todkrank« (S. 118) – ins Krankenhaus zurück.

■ Die Kompetenzüberschreitung Bärlachs

Auch am Ende der Geschichte ist die Welt nicht geordnet. Als Bärlach am Ende des langen Gesprächs mit Gastmann – von dem er bedroht, gedemütigt und an die gemeinsame Schuld erinnert wird – schmerzverzerrt zurückbleibt, stöhnt er: »Was ist der Mensch?« (S. 72). Eine Antwort, die von einem personalen Erzähler nicht erwartet werden kann, fiele sehr ernüchternd aus.

■ Ordnung der Welt nicht wiederhergestellt

7. Autor und Zeit

Biographie

Friedrich Dürrenmatt wurde am 5. Januar 1921 in dem Schweizer Dorf Konolfingen unweit der Hauptstadt Bern geboren. Sein Vater war protestantischer Pfarrer, sein Großvater, Ulrich Dürrenmatt, war Lokalpolitiker, Zeitungsherausgeber und Satiriker.

■ Kindheit und Jugend

Als Sohn eines Pfarrers stand das Kind im Blickpunkt des Dorfes. Die Erwachsenen erwarteten extrem gutes Benehmen, die Dorfjugend mied ihn: »So wurde er zur Einzelgängerei gezwungen, hatte Zeit, seinen eigenen Gedanken und Träumen nachzugehen.«[17]

Mit vierzehn Jahren, als der Vater Seelsorger in Bern wurde und die Familie in die Hauptstadt zog, kam Dürrenmatt auf das Freie Gymnasium in Bern, scheiterte dort, wechselte auf das Humboldtianum, bestand mit äußerster Anstrengung das Abitur und sollte sich für einen Beruf entscheiden.

■ Berufswahl

Dem Vater wäre es lieb gewesen, wenn der Sohn Theologie studiert hätte; doch dieser war längst allem Kirchlichen entfremdet. Er wäre gern Maler geworden, zeigte auch Talent. Doch von der Mutter herbeigerufene Sachverständige rieten ab. Dürrenmatt begann 1941 das Studium der Philosophie, Naturwissenschaften und Germanistik in Zürich und Bern,

17 Heinrich Goertz, *Friedrich Dürrenmatt*, Reinbek bei Hamburg 1987, S. 15.

belegte insgesamt zehn Semester Vorlesungen und Übungen, plante eine Dissertation zu »Kierkegaard und das Tragische«, gab dann aber auf und entschloss sich, Schriftsteller zu werden.

Studienzeit

Während des Studiums hatte sich Dürrenmatt mehr in Cafés und Kneipen als im Hörsaal aufgehalten, hatte mehr im Atelier des Malers Walter Jonas philosophiert als im philosophischen Seminar und erste eigene fiktionale Texte statt germanistischer Facharbeiten verfasst. Zwischenzeitlich hatte er sich dem Militärdienst stellen müssen, den er wegen Kurzsichtigkeit als Hilfsdienst absolvierte. In Zürich war er an einer infektiösen Hepatitis erkrankt, aus der sich seine spätere Diabetes entwickelte.

Zwar wird eine erste Erzählung von ihm veröffentlicht, und er hat ein Stück begonnen, das später – am 19. April 1947 – uraufgeführt wird, doch sind seine beruflichen Aussichten als Schriftsteller vage.

Im Sommer 1946 hatte er in Bern die Schauspielerin Lotti Geißler kennengelernt, die gerade einen Film drehte, am Radio Bern Hörspielrollen sprach und ein Engagement am Baseler Stadttheater hatte.

Heirat

Am 11. Oktober 1946 heiraten Lotti Geißler und Friedrich Dürrenmatt. Das junge Ehepaar zieht nach Basel. Als Lotti Dürrenmatt schwanger wird, weiß sie, dass sie nicht mehr lange auf der Bühne stehen kann; und ihr Mann weiß, dass die Existenz der Familie von seinen Einkünften als Schriftsteller abhängt.

Erste Auszeichnung

Als Dürrenmatt 1948 auf Antrag der Schweizerischen Schillerstiftung den Preis der Welti-Stiftung für das Drama *Es steht geschrieben* zugesprochen bekommt, ist er »auf seinem Weg nach oben ein kleines Stückchen weiter gekommen«[18]; doch die finanziellen Sorgen bleiben. Dürrenmatt schreibt Theaterkritiken, verfasst Hörspiele, bringt ein weiteres Stück – *Der Blinde* – auf die Bühne, aber: »Die Tantiemen fließen kaum.«[19]

Umzug

Im selben Jahr zieht Familie Dürrenmatt von Basel weg nach Ligerz, in den Ortsteil Schernelz am Bielersee, wo Dürrenmatts Schwiegermutter wohnt, und haust nun einige Zeit »in einer niedrigen Bauernstube, grün gestrichen, mit einer Schildkröte, die sich zwischen den Büchergestellen und der Wand hin und her zwängte«[20].

Finanznot

Dürrenmatt schreibt an mehreren Stücken, macht weiter Schulden. Als dann die erneut schwangere Lotti ins Krankenhaus muss, als auch Friedrich mit einem plötzlichen Zuckerschock eingeliefert wird, »drohen die Hospitalkosten das Wenige, was man hat, aufzufressen«[21]. In dieser Situation nimmt Dürrenmatt Kontakt mit Zeitungsredaktionen auf, verspricht, einen Fortsetzungsroman zu liefern, und schreibt *Der Richter und sein Henker*.

Die Lage entspannt sich. Dürrenmatt erhält den Auftrag für weitere Kriminalromane. In Deutschland

18 Lutz Tantow, *Friedrich Dürrenmatt. Moralist und Komödiant*, München 1992, S. 103.
19 Ebd., S. 105.
20 Friedrich Dürrenmatt, zit. nach: Tantow (s. Anm. 18), S. 107.
21 Tantow (s. Anm. 18), S. 110.

wird sein Stück *Romulus der Große* aufgeführt. Tochter Ruth wird geboren, und die Familie kann an ein eigenes Haus denken. »Am 1. März 1952 zog Dürrenmatt mit Frau, drei Kindern, einem Dienstmädchen und einer Katze von Ligerz in das Haus Pertuis du Sault 34 oberhalb Neuchâtel.«[22] In den folgenden Jahren wird um-, an- und hinzugebaut. Neuchâtel bleibt Wohnsitz bis ans Lebensende.

■ Der endgültige Wohnsitz

Dürrenmatt verlässt Neuchâtel in der Zukunft nur noch zu Berufsreisen – als Regisseur, als Dramaturg, als Kritiker, als Empfänger von Literaturpreisen, als Laudator, als Redner. Er kann nur in seinem Arbeitszimmer schreiben und zeichnen und bleibt gleichwohl aufmerksamer und kritischer Beobachter des Weltgeschehens. Aktualität ist das oberste Prinzip seiner Stücke, auch wenn er Stoffe aus der Historie bearbeitet oder wenn er Bühnenhandlungen bis zur Groteske überspitzt.

■ Welterfolge

Seit dem Welterfolg der tragischen Komödie *Der Besuch der alten Dame* steht Dürrenmatt gleichrangig, aber mit einem unterschiedlichen Konzept neben Bertolt Brecht, der die Blicke der Theaterwelt auf das Theater am Schiffbauerdamm in Berlin zieht. *Der Besuch der alten Dame* wird am 29. Januar 1956 in Zürich uraufgeführt, im gleichen Jahr in Basel inszeniert, erobert dann die Bühnen in Paris (1957), New York (1958), Mailand (1960), wird 1964 mit Ingrid Bergmann und Anthony Quinn verfilmt und erfährt 1971

22 Goertz (s. Anm. 17), S. 47.

Abb. 6: Bonn, 1989: Friedrich Dürrenmatt bei der Verleihung des Ernst-Robert-Curtius-Preises für Essayistik. – Wikimedia Commons / Elke Wetzig (elya) / CC BY-SA 3.0 / https://commons.wikimedia.org/wiki/File:Friedrich_duerrenmatt_19890427.jpg

in Wien die Uraufführung als Oper, komponiert von Gottfried von Einem. Ähnlich erfolgreich ist die Komödie in zwei Akten *Die Physiker*. Ort der Uraufführung ist wieder Zürich (21. Februar 1962). Auch dieses Stück geht um die Welt.

Dürrenmatt wird mit nationalen und internationalen Literaturpreisen ausgezeichnet. Allein der Literaturnobelpreis bleibt ihm versagt. Er wird zum Ehrendoktor mehrerer Universitäten promoviert. Zum 60. Geburtstag erscheint im Diogenes Verlag eine Gesamtausgabe seiner Werke in 30 Bänden. Gleichzeitig sind seine Zeichnungen und Bilder in mehreren Ausstellungen zu sehen.

Tod der Ehefrau

In eine tiefe Krise fällt Dürrenmatt, als seine Frau Lotti am 16. Januar 1983 in Neuchâtel nach 37 Jahren gemeinsamer Ehe stirbt. Sie hatte ihm und der Familie zuliebe ihre Schauspielkarriere aufgegeben, war Ehefrau, Mutter, Lektorin gewesen und hatte die ersten Entwürfe von Dürrenmatts Arbeiten stets geprüft. Freunde stehen dem Zurückgebliebenen bei, ziehen ihn ins öffentliche Leben, laden ihn zu Reisen ins Ausland ein, planen, einen Film über ihn zu drehen: *Porträt eines Planeten* (benannt nach Dürrenmatts 1970 erschienenem Drama). Charlotte Kerr, von Haus aus Schauspielerin, jetzt Filmemacherin, ist die Initiatorin dieses Unternehmens. Im März 1984 macht Dürrenmatt ihr einen Heiratsantrag. Unter der Bedingung, zuerst der Film, dann die Hochzeit, willigt sie ein. Sie heiraten am 8. Mai 1984. Noch sechs von Arbeiten, Reisen und politischen Stellungnahmen ausgefüllte Jahre bleiben dem Paar. Am 14. Dezember 1990 stirbt Friedrich Dürrenmatt 69-jährig in Neuchâtel.

Hauptwerke Friedrich Dürrenmatts

1947 **Es steht geschrieben.**
1948 **Der Blinde.**

1949 **Romulus der Große. Eine ungeschichtliche historische Komödie.** 1947/48 entstanden; Uraufführung: 1949; Neufassungen 1957 und 1980.
An einem Märztag des Jahres 476 n. Chr. treffen am Hof des Kaisers Romulus Meldungen vom wirtschaftlichen und politischen Zusammenbruch des Reiches, von der Niederlage des römischen Heeres und dem drohenden Ansturm der Germanen ein. Doch der Kaiser scheint sich einzig für die Erfolge seiner Hühnerzucht zu interessieren. Davon kann ihn weder seine Gattin Julia noch der aus Konstantinopel geflohene Kaiser Zeno abbringen. Romulus bleibt auch auf seinem Landsitz, als seine Familie, der Hofstaat und Kaiser Zeno fliehen. Er – und das ist seit langem sein geheimer Plan – erwartet nämlich den Germanenfürsten Odoaker, um ihm das Reich zu übergeben; er hat, wie er erklärt, »wissentlich das Vaterland zu Grunde gerichtet«, weil Rom die im Laufe der Jahrhunderte angewachsene Schuld nie abgetragen hat und weil »seine Verbrechen […] nicht getilgt«[23] sind. Nur

23 Goertz (s. Anm. 17), S. 66.

widerwillig lässt sich Odoaker zum König von Italien ausrufen. Er fürchtet, dass Theoderich, sein Neffe, von neuem die Weltherrschaft anstrebt und dadurch schuldig wird.

1950/51 Der Richter und sein Henker. Roman. 1952 erstmals in Buchform erschienen.
1957 als Fernsehfilm in der ARD.
1975 als Spielfilm. Drehbuch von Maximilian Schell und Friedrich Dürrenmatt.

1951 Der Verdacht. Roman. Neue Fassungen 1957, 1964, 1970, 1980.
Kommissär Bärlach hat die Operation, die am Ende des Romans *Der Richter und sein Henker* angekündigt war, gut überstanden, blättert jetzt – in den letzten Tagen des Jahres 1948 – in alten Zeitschriften und stößt in einer Ausgabe von *Life* aus dem Jahr 1945 auf ein Bild des berüchtigten Arztes Dr. Nehle aus dem KZ Stutthoff. Der Verdacht kommt auf, dass dieser Nehle identisch mit dem Modearzt Emmenberger ist, der ein Schweizer Luxussanatorium leitet. Bärlach lässt sich von seinem Hausarzt Hungertobel in diese Klinik überweisen und findet seinen Verdacht bestätigt. Emmenberger merkt, dass er durchschaut ist, legt Bärlach in einem langen nächtlichen Gespräch seine nihilistische Weltanschauung dar und kündigt ihm an, er werde ihn operieren wie einst die KZ-Häftlinge, näm-

lich ohne Narkose. Dazu kommt es nicht, weil ein ehemaliger KZ-Häftling, der von Nehle/ Emmenberger gequält wurde, Bärlach zu Hilfe eilt. Er sorgt auch dafür, dass der Arzt »gerecht nach dem Gesetz Mosis« bestraft wird: »Meine Hand führte die seine, von meinen Armen umschlungen, preßte er sich die tödliche Kapsel zwischen die Zähne«.[24] Die Polizei wird auf Selbstmord schließen.

1951 **Der Prozeß um des Esels Schatten. Hörspiel.**

1952 **Die Ehe des Herrn Mississippi.**

1953 **Ein Engel kommt nach Babylon.**

1954 **Herkules und der Stall des Augias. Hörspiel.**

1954 **Das Unternehmen der Wega. Hörspiel.**

1955 **Theaterprobleme. Vortrag.**

1956 **Der Besuch der alten Dame. Eine tragische Komödie.**

Claire Zachanassian kommt nach 45 Jahren in die inzwischen völlig verarmte Kleinstadt Güllen »irgendwo in Mitteleuropa«. Sie hatte damals, als Mutter eines unehelichen Kindes gebrandmarkt, Güllen verlassen, ihren Namen Kläri Wäscher abgelegt und sich kümmerlich durchgeschlagen, bis ein Ölmagnat sie aus einem Bordell holte und zur dreifachen Milliardä-

24 Friedrich Dürrenmatt, *Der Verdacht*, Reinbek bei Hamburg [5]1964, S. 152.

rin machte. Claire Zachanassian ist bereit, Güllen eine Milliarde zu schenken, wenn dafür Alfred Ill, ihr Jugendgeliebter, der einst seine Vaterschaft mit Hilfe bestochener Zeugen bestritt, in gerechter Weise, d. h. mit dem Tode, bestraft werde. Dieser Handel wird zunächst zurückgewiesen. Dann wird überlegt, wie man an das Geld kommen könne, ohne offensichtliches Unrecht zu begehen. Ill stirbt schließlich angeblich an einem »Herzschlag« – nähere Erklärung: »Tod aus Freude«[25] –, ist in Wirklichkeit aber ermordet worden. Die Stadt erhält Claires Scheck; Wohlstand scheint gesichert; Claire reist ab. Ill, so schreibt Dürrenmatt in einer Anmerkung, erfährt an sich selbst »die Gerechtigkeit, weil er seine Schuld erkennt [...]. Sein Tod ist sinnvoll und sinnlos zugleich.«[26]

1956 Die Panne. Hörspiel.
1957 Abendstunde im Spätherbst. Hörspiel.
1958 Das Versprechen. Requiem auf den Kriminalroman.

Es geschah am hellichten Tag. Film nach dem Roman *Das Versprechen.* Regie: Ladislao Vajda. Dürrenmatt hatte auf Bestellung das Drehbuch zu dem Film *Es geschah am hellichten Tag* ge-

25 Friedrich Dürrenmatt, *Der Besuch der alten Dame*, in: F. D., *Komödien I*, Zürich ^{6}1963, S. 346.
26 Ebd., S. 351.

schrieben, dessen Thema die Aufklärung eines Sexualverbrechens war. Die Tat sollte Empörung auslösen, die Aufklärung sollte das Vertrauen in Polizei und Justiz stärken. »Nach Fertigstellung des Drehbuchs«, schreibt Dürrenmatt im Nachwort des Romans *Das Versprechen*, »machte ich mich noch einmal an die Arbeit. Ich griff die Fabel aufs neue auf und dachte sie weiter, jenseits des Pädagogischen.«[27]

Der ehemalige Kommandant der Kantonspolizei Zürich Dr. H. stellt einen Kriminalromanschriftsteller nach einem Vortrag zur Rede und kritisiert die Tendenz, dass in den Romanen die kompliziertesten Fälle von logisch denkenden Detektiven gelöst würden, während die Wirklichkeit anders aussehe. Zum Beweis erzählt er die Geschichte des Falls »Gritli Moser«. Dieses Mädchen war im Wald, mit einem Rasiermesser getötet, aufgefunden worden. Ein Hausierer wurde von den Dorfbewohnern verdächtigt. Viele Indizien sprachen dafür, dass er der Mörder sei. Er bestritt das lange, bis er im Kreuzverhör zusammenbrach, die Tat zugab und sich in der Zelle erhängte. Einzig Kommissär Matthäi, der der Mutter des Opfers das Versprechen gegeben hatte, den Mörder zu finden, war von der Unschuld des Hausierers überzeugt und setzte seine Karriere und seinen Lebensplan aufs Spiel,

27 Friedrich Dürrenmatt, *Das Versprechen*, Zürich 1958, S. 244.

um den wahren Mörder zu finden. Vergeblich. Jahre später erfuhr der Kommandant von einer kranken, auf den Tod wartenden Mutter, dass ihr geistesgestörter Sohn mehrere Morde begangen hatte, dann bei einem Verkehrsunfall ums Leben gekommen war, als er einem weiteren Mädchen nachgestellt hatte.

1959 **Frank der Fünfte. Oper einer Privatbank.**

1962 **Die Physiker. Komödie.** Neufassung 1980.
In dem Luxussanatorium »Les Ceresiers« leben drei Verrückte, von denen sich der Erste für Newton, der Zweite für Einstein und der Dritte, Möbius, für einen vom Geist des Königs Salomon Erfüllten hält. Die Kriminalpolizei ist im Haus, weil Newton vor Wochen und Einstein eben jetzt eine Krankenschwester umgebracht hat. Als auch Möbius Schwester Monika tötet, wird deutlich, dass alle drei Insassen Simulanten sind, die diese Morde begehen, um den Status des Verrücktseins zu erhalten und zu beweisen.
Tatsächlich ist Möbius ein bedeutender Wissenschaftler, an dessen Ergebnissen die Weltmächte Interesse haben. Deshalb haben westliche und östliche Regierungen »Einstein« und »Newton« als Geheimagenten in die Anstalt geschleust, wohin sich Möbius zurückgezogen hatte. Der Wissenschaftler möchte verhindern,

dass seine Forschungsergebnisse, von der Technik umgesetzt, Verderben über die Menschheit bringen. Doch die Geheimhaltung ist längst durchbrochen: Die Anstaltsärztin, Frau Dr. Mathilde von Zahnd, hat Kopien von den Möbius'schen Aufzeichnungen anfertigen lassen. Dies treibt die drei Physiker tatsächlich in den Wahnsinn.

1966 **Der Meteor.**
1967 **Die Wiedertäufer. Eine Komödie in zwei Teilen.**
1969 **Play Strindberg. Totentanz nach August Strindberg.**
1970 **Porträt eines Planeten.**
1973 **Der Mitmacher.**
1979 **Albert Einstein. Ein Vortrag.**
1983 **Achterloo. Eine Komödie.**
1985 **Minotaurus. Eine Ballade.**

1985 **Justiz. Roman.**

Der Roman, der 1957 begonnen wurde, lange liegen blieb und erst 1985 zu einem immer noch fragmentarischen Schluss geführt wurde, behandelt die Frage nach dem Wesen des Verbrechens und der Gerechtigkeit als Kriminalsatire. Ein unmöglich möglicher Fall wird konstruiert und amüsant erzählt.

Der Altkantonsrat Dr. h.c. Isaak Kohler erschießt zur Mittagszeit in einem Restaurant den

Germanistikprofessor Adolf Winter, verlässt das Gebäude unbehelligt, stellt sich später der Polizei, wird verurteilt, kommt ins Zuchthaus und fühlt sich dort wohl. Er engagiert einen Rechtsanwalt, der seinen Fall unter der hypothetischen Annahme verfolgen soll, er, Kohler, sei gar nicht der wahre Mörder. Der Auftrag, der zunächst widersinnig erscheint, fördert zutage, dass Kohler kein Tatmotiv hatte, eine Tatwaffe nie gefunden wurde, dass die Tat insgesamt für Kohler unwahrscheinlich war, während der Schweizer Meisterschütze Benno durch sein Verhältnis mit Winters Tochter ein Motiv gehabt hatte. Als Benno Selbstmord begeht, hält man das für ein Schuldeingeständnis, und Kohler wird aus der Haft entlassen. Dass hinter Daphne, der Tochter Winters, Monika Steiermann, eine reiche Firmenbesitzerin, die Hände im Spiel hat und dass Kohler der Vermögensverwalter von Frau Steiermann ist und deshalb ein Interesse hat, Daphne, Benno und Monika Steiermann auszuschalten, ahnt die Justiz nicht. Kohler, der Billardspieler, hat die Kugel angestoßen, als er – in den Augen der Justiz: unsinnigerweise – Winter erschoss; alles andere ergab sich von selbst. Nur wer Billard à la bande spielen kann, durchschaut eine so komplizierte Folge von Ursache und Wirkung. Die Justiz – so der Erzähler – ist damit überfordert.

8. Rezeption

Friedrich Dürrenmatts Weltruhm beruht zweifellos auf den Texten, die er für die Bühne schrieb, und auf den Schriften, die er über die Möglichkeiten des Theaters in der modernen Welt verfasste; aber, so heißt es in einer Abhandlung über den Autor: »Dürrenmatts Prosawerke haben denselben Weltruhm erlangt wie seine Dramen.«[28]

Der Roman *Der Richter und sein Henker*, der um des dringend notwendigen Honorars geschrieben und zunächst in einer Zeitschrift 1950/51 veröffentlicht wurde, bis er 1952 in einem angesehenen Schweizer Verlag als Buch erschien, wurde ein Welterfolg. Im Schweizer Diogenes Verlag sind bis heute viele verschiedene Ausgaben des Romans gedruckt worden, zudem ist das Buch inzwischen auch als Hörbuch sowie als eBook erhältlich. Im deutschen Rowohlt Verlag wurde 2017 die 120. Auflage der Taschenbuch-Ausgabe ausgeliefert. Kein anderes Werk dürfte dem Autor einen größeren kommerziellen Erfolg eingebracht haben als dieser Kriminalroman.

■ Welterfolg

Dass Kriminalromane auf dem literarischen Markt größte Erfolgsaussichten haben, wusste Dürrenmatt und er wurde darin bestätigt. Dagegen dürfte er kaum vorausgesehen haben, dass sein Roman Aufnahme in die Lehrpläne der Schulen finden würde. Als Dürrenmatts Roman 1955 als Taschenbuch erschien, galten

■ Im Kanon des Literaturunterrichts

28 Goertz (s. Anm. 17), S. 33.

Kriminalromane grundsätzlich als trivial, als intellektuell minderwertig und deshalb als ungeeignet für qualifizierten Literaturunterricht.

Erst die Erweiterung des Literaturbegriffs und die genauere Auseinandersetzung mit den Romanen Dürrenmatts brachten eine Wende. Es wurde erkannt, dass *Der Richter und sein Henker* zwar dem Schema des Detektivromans folgt, dieses aber auch durchbricht, dass er zwar ein Verbrechen in den Mittelpunkt stellt, aber weit davon entfernt ist, den Verbrecher als den absolut Bösen und die Verfolger als die absolut Guten zu schildern. Der Autor und Erzähler lässt den Leser nicht nur teilnehmen an der Aufdeckung von Verbrechen und ihrer Vorgeschichte, sondern zwingt ihn zur Reflexion über Grundbegriffe der menschlichen Ordnung wie Recht, Gerechtigkeit, Strafe, Sühne, Gericht und Richter.

Längst ist erkannt, dass Dürrenmatts früher Kriminalroman Themen anspricht, die später in den großen Dramen wie *Der Besuch der alten Dame* und *Die Physiker* entfaltet wurden und die auch in der frühen Komödie *Romulus der Große* erörtert werden. Daraus darf der Schluss gezogen werden, dass der Kriminalroman *Der Richter und sein Henker* kein Zufallsprodukt einer Notlage ist, sondern eine zentrale Stelle im Gesamtwerk des Autors einnimmt. Nur so ist auch zu erklären, dass der Roman in 24 Sprachen übersetzt wurde – unter anderem ins Chinesische, Japanische, Russische und Türkische.

Bezug zum Gesamtwerk

Eine erste filmische Bearbeitung erfuhr der Roman

Verfilmungen

durch das Fernsehen. Die Ausstrahlung am 7. September 1957 wurde von der Presse insofern als Sensation gefeiert, als dies »der erste abendfüllende Spielfilm überhaupt [war], den das Fernsehen selbst produziert«[29] hatte.

Rund 20 Jahre nach dem Fernsehfilm entstand unter der Regie von Maximilian Schell eine Verfilmung, die 1975 beim Internationalen Filmfestival von San Sebastian ausgezeichnet wurde und bis heute als gelungene Literaturverfilmung anerkannt wird. Eine kritische Auseinandersetzung mit ihr lohnt auch deshalb, weil der Film nicht streng der Vorlage folgt, sondern sowohl in der Abfolge der Handlung als auch in der Ausgestaltung einzelner Motive eigene Akzente setzt.

Weiterführungen der Detektivgeschichte

Der Erfolg des ersten Kriminalromans von Friedrich Dürrenmatt ermunterte Verlag und Autor zur Fortsetzung. So wurde die Geschichte von Kommissär Bärlach, der am Ende von *Der Richter und sein Henker* ins Krankenhaus geht, unmittelbar weitergeführt: Vom Krankenbett aus geht er einem *Verdacht* nach. Der *Schweizerische Beobachter* kann ein Jahr nach dem ersten Roman seinen Lesern die Fortsetzung liefern.

Weitere Romane, in denen es um das Thema »Verbrechen und ihre Aufklärung« geht, folgten. Dabei entfernte sich Dürrenmatt allerdings immer mehr

29 Wolfgang Pasche, *Interpretationshilfen. Friedrich Dürrenmatts Kriminalromane*, Stuttgart/München/Düsseldorf/Leipzig 1997, S. 55.

Abb. 7: Szene aus der Verfilmung *Der Richter und sein Henker*, Deutschland/Italien 1975, Regie: Maximilian Schell, Darsteller: Martin Ritt (Bärlach), Jon Voight (Tschanz). – © United Archives GmbH / Alamy Stock Photo

von der Realität. Die ausgedachten Fälle erheben nur noch den Anspruch, als Gedankenspiel ernst genommen zu werden, auch wenn sie zeitlich und räumlich in der Schweiz und in der zweiten Hälfte des 20. Jahrhunderts lokalisiert sind. Dagegen wird die Tendenz der ersten Romane fortgesetzt: nämlich zu zeigen, dass die Welt keineswegs so geordnet ist, wie der traditionelle Detektivroman vermuten lässt, der am Ende das Verbrechen durchschaubar macht und den Täter der gerechten Strafe überantwortet. Der Autor Dürrenmatt bezweifelt, dass der Scharfsinn der Kri-

Bruch mit geordnetem Weltbild

minalisten stets ans Ziel führt. Er stellt grundsätzlich in Frage, dass es in dieser Welt immer gerecht zugeht. Ihm ist der Glaube an eine durch Recht und Gesetze geordnete Welt und besonders das Vertrauen auf eine göttlich ordnende Hand abhandengekommen.

Die Welt – »ein Rätsel an Unheil«

Durch diese Tendenz und die damit verbundene Intention, die Welt in ihrer Unordnung und Ungerechtigkeit zu zeigen, sind die Kriminalromane mit dem Gesamtwerk des Autors verknüpft. Für Dürrenmatt gilt – das hat er 1955 in seinem Vortrag »Theaterprobleme« formuliert –: »Die Welt [...] steht für mich als ein Ungeheures da, als ein Rätsel an Unheil, das hingenommen werden muß, vor dem es jedoch kein Kapitulieren geben darf.«[30] Beispiele sind seine großen Stücke *Die Physiker*, *Der Besuch der alten Dame*, *Romulus der Große*. Aber auch Kommissär Bärlach erfährt durch seine lebenslange Auseinandersetzung mit Gastmann »ein Rätsel an Unheil«, vor dem er nicht kapituliert, dem er aber auch nicht beikommen kann, ohne selbst schuldig zu werden.

30 Friedrich Dürrenmatt, *Theaterprobleme*, Zürich 1955, S. 43 f.

9. Wort- und Sacherläuterungen

5,1–29 **Twann … Lamboing … Bern:** Der Autor siedelt seinen Roman an realen Schauplätzen an. Die genannten Orte lassen sich leicht auf entsprechenden Landkarten finden. Das gilt auch für die im Buch genannten Flüsse und Seen. Nähere Erklärungen zu den erwähnten Städten Konstantinopel und Frankfurt und zu dem auf Seite 10 erwähnten Himalaya-Gebirge bieten Lexika. Eine genaue Orientierung in dem zentralen Handlungsort Bern ist durch einen Stadtplan zu gewinnen. Empfehlenswert ist, die im Roman geschilderten Autofahrten auf einer Straßenkarte zu verfolgen.

5,28 **Polizeileutnant:** höhere Rangstufe im Polizeidienst.

6,18 **Skandale:** schockierende Vorkommnisse; Ärgernisse.

6,33 f. **Kommissär:** wörtl. ›Beauftragter‹; Verwalter eines polizeilichen Amtsbereichs; Rangstufe unter dem Direktor und Behördenchef, aber oberhalb des Leutnants.

8,31 **Tram:** schweiz. Straßenbahn.

10,17 **Toteninsel:** bedeutendes Gemälde des Malers Arnold Böcklin (1827–1901), das in fünf Versionen zwischen 1880 und 1886 entstand, die alle das Motiv einer von Zypressen bewachsenen Insel zeigen.

10,27 **Diwan:** niedriges Liegesofa.

14,9 **Kanton:** Verwaltungsbereich; in der Schweiz: Bundesland.

22,6 **Indizien:** Anzeichen, die mit großer Wahrscheinlichkeit auf den Hergang einer Tat oder den Täter schließen lassen.

24,11 **Falle:** 1. schweiz. Türklinke; 2. Vorrichtung zum Einfangen von Tieren, z. B. von Mäusen.

26,20 **Charon:** Charon ist in der griechischen Sage der Fährmann, der die Toten über den Fluss Acheron in die Unterwelt bringt.

30,2 **Limousine:** nach der französischen Landschaft Limousin: geschlossener Personenkraftwagen, manchmal mit Schiebedach.

30,12 **Wega:** Stern im Sternbild der Leier.

30,13 **Capella:** Stern (lat. ›Ziege‹) im Sternbild Fuhrmann.

30, 13 **Aldebaran:** Stern im Sternbild Stier.

30,14 **Jupiter:** der größte Planet im Sonnensystem.

31,25 **Gendarmerie:** Polizeistation.

32,6 **Jura-Nest:** kleiner Ort im Jura-Gebirge.

35,14 **Tribunal:** Gerichtshof.

35, 34 **Großrat:** ehrende Anrede für den Nationalrat (siehe S. 36).

36,13 **Nationalrat:** Bezeichnung für die große Kammer der schweizerischen Bundesversammlung und deren Mitglieder.

36,13 **Oberst:** hoher militärischer Rang.

36,20 **Separatist:** Anhänger einer Bewegung, die für die Abspaltung eines bestimmten Gebiets vom Staatsganzen eintritt.

36,34 **Protokoll:** förmliche Niederschrift einer Aussage oder gerichtsrelevanter Bericht über einen Vorgang.

38,17 f. **Stammtisch der Helveter:** Zusammenkunft der

Mitglieder einer national gesinnten schweizerischen Studentenverbindung.

38,21 **Pianisten:** Pianist: virtuoser Klavierspieler.

38,33 **Advokat:** (lat.) ›der Herbeigerufene‹; also: Rechtsanwalt, Rechtsbeistand.

40,12 **Assassin:** (frz.) Mörder.

40,12f. **On a rien trouvé:** (frz.) »Man hat nichts gefunden.«

40,19f. **»Schmied … impossible«:** (frz.) »Schmied war nicht bei Gastmann. Unmöglich.«

40,32 **dubios:** zweifelhaft.

41,1 **Un monsieur très riche:** (frz.) ein sehr reicher Herr.

41,2f. **très noble:** (frz.) sehr vornehm.

41,3 **fiancée:** (frz.) Verlobte.

41,4 **comme un roi:** (frz.) wie ein König.

41,5 **Jamais:** (frz.) niemals, auf keinen Fall.

41,19 **Un chien très dangereux:** (frz.) ein sehr gefährlicher Hund.

45,15f. **Partei der konservativen liberalsozialistischen Sammlung der Unabhängigen:** satirische Bezeichnung für eine Partei, die – aus opportunistischen Gründen – alle möglichen Richtungen vertritt und deren Mitglieder ›unabhängige Parteizugehörige‹ sind.

45,19 **Großrat:** Rat der Stadt Bern.

46,2 **Tiraden:** Wortschwall, Worterguss.

46,15 **konsterniert:** bestürzt, betroffen.

46,18 **Klienten:** 1. Schutzbefohlene, 2. Auftraggeber eines Rechtsanwalts.

46,34 **Gestapo:** »Geheime Staatspolizei«: gefürchtete Institution der nationalsozialistischen Schreckensherrschaft in Deutschland.

47,5 **Privatdozent:** Hochschullehrer ohne feste Verbeamtung.

49,29f. **Schlacht am Morgarten:** Sieg der Schweizer über die Österreicher am 15. November 1315.

49,30 **Niklaus Manuel:** Maler und Dichter (1484–1530).

51,27f. **bagatellisieren:** als geringfügig hinstellen.

53,19f. **Verwaltungspräsident des … trusts:** Vorsitzer einer Unternehmensgruppe, die eine Monopolstellung in einem Wirtschaftsbereich anstrebt.

56,17 **Kaskaden:** stufenförmiger Wasserfall.

59,31–33 **»Der Tüfel … krumm«:** »Der Teufel geht um, der Teufel geht um, er schlägt die Menschen alle krumm.«

61,13–16 **»Der Müllere … läbt«:** »Der Mann der Müllerin ist tot, die Müllerin lebt, die Müllerin lebt, die Müllerin hat ihren Knecht geheiratet, die Müllerin lebt, sie lebt.«

62,2 **Eiben:** Nadelbäume.

65,34 **These:** Satz. Behauptung, die bewiesen werden muss.

69,15 **Muselmännern:** abwertende Bezeichnung für Muslime.

73,14f. **in forschem Telegrammstil:** selbstbewusst, kurz und knapp.

74,2f. **Kreuz der Ehrenlegion:** französischer Orden zur Belohnung von Verdiensten im militärischen und zivilen Bereich.

76,3 **Joch:** Geschirrstück zum Anspannen der Zugochsen.

76,7 **Overall:** (engl.) allumfassend; einteiliger, den gesamten Körper bekleidender Schutzanzug; auch Pullover.

77,11f. **Bannwart:** Aufseher über ein Forstgebiet.

81,33 **Ich mache mir ein Bild:** Anspielung auf den Schweizer Dichterkollegen und -konkurrenten Max Frisch, der das aus dem Alten Testament abgeleitete Gebot »Du sollst dir kein Bildnis machen« zum Thema mehrerer Werke erhoben hat.

82,4 **Nihilist:** Anhänger der Weltanschauung des Nihilismus, der unbedingten Verneinung von Lehr- und Glaubenssätzen und aller Wertsetzungen.

89,18 **innert:** (schweiz.) innerhalb.

98,11 **Physikum:** Zwischenprüfung der angehenden Mediziner in den naturwissenschaftlichen Fächern.

99,25f. **Fontane:** Werk des deutschen Dichters Theodor Fontane (1819–1898).

107,33 **melancholisch:** schwermütig, trübsinnig.

10. Prüfungsaufgaben mit Lösungshinweisen

Ziel der Auseinandersetzung mit einem literarischen Text ist, ihn zu verstehen. Das geschieht meist in mehreren Schritten und Stufen. Zweifellos geht es zunächst darum, den Inhalt aufzunehmen, die Handlungsfolge zu erfassen, die Figuren als einzelne Charaktere und in ihrem Zusammenspiel zu durchschauen. Verkürzt heißt das: Der Leser macht sich mit der Welt, in die er versetzt wird, vertraut und vergleicht sie – bewusst oder unbewusst – mit der Welt, in der er lebt. Vielleicht fühlt er sich dadurch zur Diskussion herausgefordert – auch in der Diskussion liegt eine Möglichkeit des Verstehens.

Aufgabe 1: Literarische Charakteristik

Die Figuren in literarischen Werken haben menschliche Züge und Eigenarten. Sie haben ihre Lebensgeschichte; sie leben in Gruppen, in Gemeinschaften und Gesellschaften; sie werden geboren und sie sterben. All dies geschieht nicht wirklich, sondern fiktional.

Die beiden Hauptfiguren in Dürrenmatts Roman sind Gastmann, der Geschäftsmann, der früh zum Verbrecher wurde und nach dem gefahndet wurde, und Kommissär Bärlach, der die Ermittlungen leitet. Um diese Figuren gibt es einen Kreis von Nebenfiguren, die sich den Hauptfiguren zuordnen lassen. Zu diesen zählt Tschanz, der als Polizist zu der Gruppe der Ermittler gehört und auf besondere Art in den Fall verwickelt wird.

Arbeitsauftrag 1: Charakterisieren Sie die Figur des Polizisten Tschanz aus Dürrenmatts Roman *Der Richter und sein Henker.*

Lösungshinweise

Einleitung: Welche Rolle nimmt Tschanz in der **Figurenkonstellation** des Romans ein?

- Beschreiben Sie sein Verhältnis zu den anderen Figuren: Wie steht er zu Bärlach, zu Dr. Lucius Lutz und zu dem erschossenen Schmied?
- Welche Rolle spielt er in Bezug zu Gastmann?

Figurendaten:

- Alter und Aussehen
- Herkunft, Wohnort und Wohnweise
- Tätigkeit

Soziale Stellung:

- Ausbildung
- Private Beziehungen: z. B. zu Frau Schönler und Anna
- Berufsziele

Welches **Verhalten** zeigt Tschanz im **Konfliktfall**?

- Tschanz und Schmied: Wie reagiert Tschanz auf seinen Kollegen und Konkurrenten?
- Tschanz und Bärlach: Geht Tschanz nüchtern und gelassen mit dem Druck um, den Bärlach während der Ermittlungen auf ihn ausübt, oder eher aggressiv und verzweifelt?

- Bärlachs »Falle« und das Ende: Ist Tschanz darüber verwundert oder erschrocken, überführt worden zu sein? Steht er zu seiner Schuld und der möglichen Strafe?

Welche **Charaktereigenschaften** lassen sich erschließen?

- Ist Tschanz ruhmsüchtig, streberhaft, zielstrebig oder ehrgeizig?
- Neidet oder gönnt er seinen Kollegen den Erfolg?
- Agiert er eher emotional oder eher kalt und berechnend?

Kommunikationsverhalten:

- Zeigt sich Tschanz in den Gesprächen mit Bärlach eher ruhig und geduldig oder eher aufbrausend?
- Wie spricht Tschanz mit dem Schriftsteller? Geht er geschickt und empathisch vor oder eher plump und ungestüm?

Stellen Sie Tschanz' **Selbsteinschätzung** dar sowie die **Fremdeinschätzung** seiner Figur durch Lutz, von Schwendi und Bärlach.

Zusammenfassende Beurteilung:

- Nehmen Sie Stellung, ob Sie Tschanz' Verhalten für angemessen, verständlich, unangemessen oder schuldhaft halten.

Aufgaben 2 und 3: Analyse und Interpretation von Textausschnitten

Literarische Werke stellen sich dem Leser als Ganzheit vor: als Roman, als Novelle, als Drama oder als Gedicht. Sieht man genauer hin, so besteht diese Ganzheit aus kunstvoll zusammengesetzten Einzelteilen, also aus Kapiteln und Abschnitten, aus Akten und Szenen, aus Strophen und Verszeilen. Ziel der Analyse und Interpretation von Einzelteilen ist immer, das Ganze, das vorher nur oberflächlich erfasst wurde, genauer und vertieft zu verstehen.

Der Autor Friedrich Dürrenmatt hat seinen Roman Der Richter und sein Henker *in Kapitel eingeteilt, die durch Abschnitte deutlich gekennzeichnet sind. Damit ist eine auch äußerlich erkennbare Strukturierung gegeben. Als Ziel bleibt erhalten, das Ganze des Werks zu verstehen.*

Arbeitsauftrag 2: Analysieren und interpretieren Sie den vorgegebenen Textausschnitt aus Dürrenmatts Roman *Der Richter und sein Henker*, beginnend auf S. 64, »Bärlach zog sich…«, bis S. 72, »… nahm die Mappe zu sich«.

Lösungshinweise:

Einleitung:

- Geben Sie kurze Hinweise zum Text: Autor, Titel, Textsorte.
- Einordnung des Textausschnittes in den Gesamtzu-

sammenhang der Geschichte, mitsamt knapper Inhaltsangabe

Analyse:

- Erklären Sie, dass Sie bei Ihrer Analyse auf Grund der Länge des vorgegebenen Textabschnitts linear vorgehen wollen.
- **Strukturieren** Sie den Text z. B. nach den folgenden Erzählschritten:

1. Bärlachs und Gastmanns überraschende Begegnung: Vorstellung Gastmanns; Fokus auf die »Mappe«; Hinweis auf »den Jungen«

2. Ein Rückblick: »Über vierzig Jahre…«; »Ein Jahr hast du noch zu leben …«

3. Die Wette: »Was diskutierten wir denn damals, Bärlach …«

4. Die Folgen: »So lebten wir denn …«

5. Bärlachs Erschütterung: »Was ist der Mensch?«

- Beschreiben Sie die Beziehung der beiden Figuren zueinander: Wie unterscheiden sich ihre Weltauffassungen voneinander?

Interpretation:

Stellen Sie den **Inhalt der Wette** dar:

- Was ist eine Wette?
- Unter welchen Bedingungen schließen Bärlach und Gastmann die Wette ab?

- Was ist das Besondere an der Wette?
- Welche Folgen hat der Abschluss der Wette?
- Wie geht das Leben nach der Wette für Bärlach weiter?
- Wie für Gastmann?

Stellenwert des Textabschnitts für den Gesamttext:

- Bewerten Sie, welche Bedeutung der Textauszug für die Geschichte spielt.

Arbeitsauftrag 3: Analysieren Sie den vorgegebenen Textausschnitt aus Dürrenmatts Roman *Der Richter und sein Henker*, beginnend auf S. 69, »So bist du ein Verbrecher geworden…«, bis S. 70, »…, aber ich besiegte dich«.

Lösungshinweise:

Einleitung:

- Geben Sie kurze Hinweise zum Text – Autor, Titel, Textsorte – sowie zum Umfang des zu analysierenden Textausschnitts
- Einordnung der Textstelle in die Geschichte

Analyse des Textausschnitts:

- Stellen Sie die Gesprächspartner vor:
  – Bärlach, der »Kommissär«
  – Gastmann, der »Verbrecher«
- Benennen Sie das Thema / die Themen des Gesprächs:
  – Formulieren Sie in einfachen Hauptsätzen

- Erklären Sie die Leitbegriffe:
  – Was ist ein »Kommissär«? (Umgangssprachliche Bedeutung, wortgeschichtliche Bedeutung, Fachbegriff)
  – Inwieweit und inwiefern entspricht Bärlach der Vorstellung von einem Kommissär?
  – Was ist ein »Verbrecher«? (Umgangssprachliche Bedeutung, wortgeschichtliche Erklärung, Fachbegriff)
  Diskursangebot:

> Erklärung aus einem Konversationslexikon: Im rechtstheoretischen Sinn ist ein Verbrechen – im Gegensatz zum Vergehen – jede für strafbar erklärte rechtswidrige Tat, die – gegebenenfalls – mit dem Tod, mit Zuchthaus oder Gefängnis bestraft wird.

- Was ist »so etwas Ähnliches wie ein Verbrecher«, was ist ein »immer besserer Verbrecher«?
- Was ist ein »immer besserer Kriminalist«?
- Welche Motivation zu handeln verspürt Gastmann, welche Motivation treibt Bärlach?
- Wie sähe ein »Sieg« Bärlachs aus? Inwiefern kann Gastmann im gegebenen Augenblick behaupten: »... ich besiegte dich«?

11. Literaturhinweise/Medienempfehlungen

Textausgaben

Friedrich Dürrenmatt: Werkausgabe in dreißig Bänden. Hrsg. in Zusammenarbeit mit dem Autor. Zürich: Diogenes, 1980–1992. – *Hierbei handelt es sich um die Gesamtausgabe von Dürrenmatts Werk.*

Friedrich Dürrenmatt: Der Richter und sein Henker. Roman. Hamburg: Rowohlt, [120]2017. – *Nach dieser Ausgabe wird zitiert.*

Friedrich Dürrenmatt: Der Richter und sein Henker. Comic auf der Grundlage des Romans. Städtisches Gymnasium Bern-Neufeld / Zytglogge: Gümlingen/Bonn/Wien, 1988 [u. ö.]. – *Bearbeitung.*

Zu Leben und Werk des Autors

Arnold, Armin: Friedrich Dürrenmatt. Berlin 1986.

Arnold, Heinz L. (Hrsg.): Friedrich Dürrenmatt. München 1980.

Brock-Sulzer, Elisabeth: Friedrich Dürrenmatt. Stationen seines Werkes. Zürich 1986.

Goertz, Heinrich: Friedrich Dürrenmatt in Selbstzeugnissen und Bilddokumenten. Reinbek bei Hamburg 1987.

Große, Wilhelm: Friedrich Dürrenmatt. Literaturwissen für Schüler. Stuttgart 1998. (Reclams Universal-Bibliothek. 15214.)

Knapp, Gerhard P.: Friedrich Dürrenmatt. Stuttgart/Weimar 1993.

Spycher, Peter: Friedrich Dürrenmatt. Das erzählerische Werk. Frauenfeld 1972.

Tantow, Lutz: Friedrich Dürrenmatt. Moralist und Komödiant. München 1992.

Interpretationen zu *Der Richter und sein Henker*

Eisenbeis, Manfred: Friedrich Dürrenmatt. *Der Richter und sein Henker*. Stuttgart/Düsseldorf/Leipzig 2001.

Janke, Daniela: Friedrich Dürrenmatt. *Der Richter und sein Henker*. Hrsg. von Johannes Diekhans und Michael Völkl. Paderborn 2014.

Kästler, Reinhard: Erläuterungen zu Friedrich Dürrenmatt. *Der Richter und sein Henker. Der Verdacht*. Hollfeld 1993.

Pasche, Wolfgang: Interpretationshilfen. Friedrich Dürrenmatts Kriminalromane. *Der Richter und sein Henker. Die Panne. Das Versprechen*. Stuttgart/München/Düsseldorf/Leipzig 1997.

Poppe, Reiner: Friedrich Dürrenmatt. *Der Richter und sein Henker*. Interpretationen – Vergleiche. Hinweise zur Unterrichtsgestaltung. Hollfeld 1989.

Seifert, Walter: Friedrich Dürrenmatt. *Der Richter und sein Henker*: Interpretation. München [4]1988.

Zur Gattung Kriminalroman

Mandel, Ernest: Ein schöner Mord. Sozialgeschichte des Kriminalromans. Frankfurt a. M. 1987.

Marsch, Edgar: Die Kriminalerzählung. Theorie, Geschichte, Analyse. München [2]1983.

Nusser, Peter: Der Kriminalroman. Stuttgart [2]1992.

Filmempfehlung

Der Richter und sein Henker. Deutschland/Italien 1975. Regie: Maximilian Schell. Drehbuch: Friedrich Dürrenmatt und Maximilian Schell. Mit Martin Ritt (Kommissär Bärlach) und Robert Shaw (Gastmann).

12. Zentrale Begriffe und Definitionen

Allegorie: von griech. *állos* ›anders‹ und *agoreúein*: ›öffentlich sagen, verkünden‹. Veranschaulichung eines Gedankens oder eines Begriffs durch einen konkreten Gegenstand oder durch eine parallele Handlung oder eine Handlungsfolge. So wird die Gerechtigkeit als »Justitia« als Frau mit verbundenen Augen dargestellt. Oder: Wenn ein Politiker von »den Meilensteinen, die vor ihm liegen« spricht, so meint er damit möglicherweise die Abstimmungen, die er im Parlament zu bestehen hat.

➤ S. 58

Analyse (analytisch): von griech. *analýein* ›auflösen, trennen‹. Methodisch-systematisches Herausarbeiten von Strukturmerkmalen und Zusammenhängen eines (literarischen) Textes unter gezielten Fragestellungen.

➤ S. 111–113

Autor: lat. *auctor* ›Gewährsmann, Bürge; Urheber; Gründer‹; der Verfasser eines literarischen oder wissenschaftlichen Werkes.

➤ S. 33, 35, 62 f.

Bild: sprachliches Element mit mehrschichtiger Aussage. So kann eine Wolke nicht nur als Naturerscheinung beschrieben, sondern auch als Bedrohung verstanden werden. In literarischen Texten kommt bildhafte Anspielung in unterschiedlichen Ausformungen vor – etwa als Vergleich, als Metapher, als ➤Allegorie.

➤ S. 56–59, 81 f.

Charakterisierung: Art und Weise, wie das Wesen von Figuren literarischer Texte dargestellt wird. Der Zugang zu einer Figur geschieht: 1. direkt, d. h. durch Angaben des ➤Erzählers oder anderer Figuren, 2. indirekt, durch Handlungen und Reaktionen der Figur selbst, aus denen Charaktereigenschaften erschlossen werden können.

➤ S. 75

Diskussion: bestehend aus **Problem**, **These**, **Argument**, **Beweis**. Ziel einer Diskussion ist, eine Problemfrage möglichst intensiv zu erörtern und dann den **Diskurs** zu einem vorläufigen **Beschluss** zu führen.

Eine **Problemfrage** ist eine offene Frage, etwa (1.) ob eine getroffene Aussage wahr oder unwahr ist oder (2.) ob ein abgegebenes Geschmacksurteil akzeptabel ist oder nicht oder (3.) ob eine gemachte Empfehlung nützlich ist oder nicht oder (4.) ob ein Gerichtsurteil gerecht ist oder nicht.

Als **These** bezeichnet man die in einer Diskussion vertretene Behauptung, dass eine vorgebrachte Meinung wahr, akzeptabel, nützlich oder gerecht ist.

Unter einem **Argument** versteht man die eine These stützende Aussage, die anerkannt ist und damit als Beweis der vorgebrachten These dient.

Als **bewiesen** gilt eine These, deren Inhalt durch nachgewiesene Vordersätze so gestützt wird, dass alle Zweifel beseitigt sind.

➤ S. 19, 71–73, 80

Epik: von griech. *epikós* ›zum Epos gehörig, episch‹. Epik ist die Sammelbezeichnung für jede Art erzählender Dichtung in Versen oder Prosa. Epik ist neben Lyrik und Dramatik eine der drei literarischen Gundgattungen.

➤ S. 35

Erzähler: Aller Erzählkunst liegt die Ursituation zugrunde, dass ein Erzähler da ist, der das Erzählte einem Hörer- oder Leserkreis vermittelt. Der Erzähler ist vom ➤Autor zu unterscheiden und kann als Ich-Erzähler, als auktorialer Erzähler oder als personaler Erzähler auftreten.

➤S. 60–64

Erzählhaltung: die Art, wie der Erzähler Ereignisse, Handlungen oder Figuren sieht, beurteilt oder von ihnen spricht, d. h. die Einstellung des Erzählers zu Geschehen und Figuren.

➤S. 61

Erzählte Zeit: Zeitumfang der erzählten Handlung. Zu unterscheiden von der Erzählzeit, also von der Dauer des Erzählens, Lesens und Hörens. Die Erzählzeit kann sich mit der erzählten Zeit decken, sie kann länger sein als die erzählte Zeit oder sie kann kürzer sein. In letzterem Fall spricht man von Zeitraffung.

➤S. 36

Fall: von lat. *cāsus* ›Fall, Fallen, Sturz‹ und ›Zufall, Vorfall‹. Ein nicht alltägliches Geschehen, dessen Umstände bemerkenswert – manchmal beispielhaft – sind und die zu besonderer Untersuchung veranlassen.

➤S. 10–12, 60

Form: lat. *forma* ›Form, Gestalt, Figur‹. Äußere Erscheinung eines – hier – sprachlichen Kunstwerks, also eines ➤Romans, einer Novelle usw. Darunter fällt die Einteilung in Kapitel, Abschnitte, Dialoge, Sätze usw.

➤S. 10–12, 35

Indiz: von lat. *indicāre* ›anzeigen, angeben, melden‹. Ein Hinweis, Anzeichen oder Umstand, dessen Vorhandensein mit großer Wahrscheinlichkeit auf einen bestimmten Sachverhalt – vor allem auf eine Täterschaft – schließen lässt.

➤ S. 51 f., 57, 65, 67–70

Intention: lat. *intentio* ›Anspannung, Absicht‹. Aussageabsicht, die ein ➤Autor beim Verfassen seines Werks verfolgt.

➤ S. 10, 12, 102

Interpretation: lat. *interpres* ›Vermittler, Ausleger, Übersetzer‹. Methodisch angelegte Gesamtdeutung eines literarischen Textes. Erwartet werden Hinweise zu Inhalt, ➤Form, Intention, Sprachgestaltung und die Zusammenführung der Erkenntnisse in schriftlicher oder mündlicher Form. Erwünscht ist die Zuordnung zu einer Gattung und zum Gesamtwerk des Autors.

➤ S. 111

Kriminalroman und Detektivroman: Das lateinische Substantiv *crimen* – zu übersetzen mit ›Anklage, Beschuldigung, Vorwurf, Verbrechen‹ – ist Ausgangspunkt für die Artbezeichnung dieser ➤epischen Großform, die ihre Popularität seit dem 19. Jahrhundert stets steigern und eine immer größere und breitere Leserschaft gewinnen konnte. Offensichtlich kam der Spannungscharakter, der dieser Literaturform eigen ist, der medialen Verbreitung in Film und Fernsehen sehr entgegen. Unter strukturellen Gesichtspunkten unterscheidet man als typische Ausprägungen den Kriminalroman, der im engeren Sinn des Wortes die Geschichte eines Verbrechens erzählt, von dem Detektivroman, der die Geschichte des Aufdeckens einer Tat – von lat. *dētegere* ›aufdecken, entdecken, entblößen‹ – zum Thema hat.

➤ S. 8 f., 11–13, 48, 63

Motiv: von lat. *movēre* ›bewegen‹. Bedeutungsvolles Element eines literarischen Textes wie: Meer, Stadt; Winter, Frühling; Verbrecher, Aufklärer.

➤ S. 56, 100

Roman: Das Wort Roman bezeichnet ursprünglich Schriften in der romanischen Volkssprache im Unterschied zu lateinischen Werken. Sehr früh wird die Bezeichnung einzig auf Prosaerzählungen bezogen.

Der Roman ist eine umfangreiche Prosaerzählung, die sich durch eine mehrsträngige, vielschichtige Handlung und eine Vielzahl von Figuren auszeichnet. In der Regel umfasst ein Roman eine längere Zeitspanne, in der die Geschichte und das Schicksal eines Individuums oder einer Menschengruppe dargestellt wird.

Unter thematischen Gesichtspunkten unterscheidet man den Bildungsroman, den Entwicklungsroman und den Zeitroman. Weitere mögliche Untergliederungen sind: historischer Roman, Liebes-, Ehe-, Familien- und ➤Kriminalroman.

➤ S. 35, 40 f.

Sekundärliteratur: von lat. *secundārius* ›der Zweite der Ordnung nach‹. Wissenschaftliche Darstellungen und Untersuchungen zu einem literarischen Werk, aber auch Sachtexte über einen Dichter, eine literarische Epoche oder eine Gattung. Den Gegensatz hierzu bildet die Primärliteratur.

➤ S. 115

Stoff: hier: das inhaltliche Rohmaterial, das der ➤Autor in eine literarische Form bringt, also in eine dramatische oder ➤epische Form (Komödie oder Tragödie; Roman, Novelle, Kalendergeschichte usw.).

➤ S. 10, 87

Thema: Grundgedanke eines literarischen Werks, also: der geistige Gehalt auf die kürzestmögliche Form gebracht.

➤ S. 35, 96, 100